菜鸟理财
100问？

洪佳彪 著

四川人民出版社

目 录

PART 1

我们的财富，到底是从哪里来的？

第一章：你也不想工作吗？

第二章：爱情与面包如何兼得？

第三章：了解一点经济发展趋势很必要

第四章：经济全球化与我何干？

第五章：为什么你的行业不挣钱？

PART 2
我们的财富，该怎样管理支配？

第八章：最适合小白的投资项目

第九章：明天和意外哪个先来？

第十章：什么才是正确的财富管理？

PART 1
我们的财富，
到底是从哪里来的？

第一章

你也不想工作吗？

为什么我们需要工作赚钱？

为什么我们需要工作赚钱呢？

因为我们必须靠工作创造一定的价值，来交换足够的物质资料，从而得以生存下来。而为这个世界创造价值的过程，就是工作。

那么，工作只是为了生存吗？答案似是而非。

如果你从事的行业恰好是你的兴趣所在，那你是非常幸运的。而对多数人来说，都在为生存而工作。如果生存都有问题，那么兴趣爱好也难以维持。

不过，纵观各个领域的佼佼者，少有生来就对其所处领域有兴趣或注定要在该领域有所建树。他们之所以能成功，都是因为能持之以恒地把本职工作做好，然后成为这个领域的专家。所以，工作也不只是为了赚钱糊口和兴趣所在，职业成就感也很关键。

而从理财规划的角度来看，我还想给大家建议一句：

人在年轻时，成长比赚钱更重要。

赚钱是战术层面，成长是战略层面。如果用战术上的勤奋掩盖战略上的懒惰，其结果可能是战略、战术都一败涂地。

也就是说，工作赚钱确实重要，但当你还年轻的时候，没必要把薪资回报当作工作的唯一目标。个人的成长与发展、平台的壮大与成功，才是你更应该关注的。

人生中很多重大问题和决策——包括工作，我都建议不应该只从钱的角度去看，而要从价值的角度去考虑。

不可否认，要想成功，花费大量的时间努力工作是初入职场的年轻人必然要经历的过程。但就怕你只花了时间和精力，却没有积累和提升。

工作几年以后，你就会发现同一起点出发的同事，开始有了职级高低的差异。

抛开专业出身和性格差异，人们之所以在职场上的发展轨迹会大相径庭，其实就是因为多数人只是在低价值领域不断地简单重复，并没有体现出个人价值。而那些升迁快的，往往是在高价值领域持续做出正确动作的人。

所以，工作赚钱重要吗？确实重要！但未来能决定你赚多少钱的，可不只是努力工作这么简单。

你想要年入 10 万元，只需要付出简单的脑力劳动甚至体力劳动就可以达到；想要年入 30 万元，则需要一些专业以及特有的技能，具备一定的经验和积累；你想要年入 100 万元，那么需要的不仅是个人的努力，还需要把握住风口；至于那些年入 1000 万元的人，他们不仅要努力，需要有所选择，还得拥有公司化运营的能力，持续积累资源和优势，最后等待一个行业的风口并抓住它。

所以，在埋头赚钱之余，我建议大家每天问自己这样三个问题：我今天做的工作，机器能做到吗？我今天做的工作，会被外包吗？我今天做的工作，明天会做得更好吗？

为什么老板赚的钱比我多？

在上一节中，我解释了为什么人们需要工作赚钱，但这个逻辑一旦真正引入职场以后，一定会引发这样一个困惑：既然都是工作，大家付出的时间和精力看起来都差不多，为什么有的人赚得比我多？

最重要的是，为什么那些当老板的，明明每天处理的事情比我们少多了，却可以拿那么多钱？

要想回答这个问题，你需要明白两个前提：

第一，你在企业、机构创造的价值，肯定不会等于你拿到手的回报。

只要你所在的企业或机构还处于正常运转的轨道上，那就意味着你在工作岗位上创造的价值肯定是大于付给你的工资的。

如果出现因为资历还不够深、职级相对较低等多方面原因，使得你在岗位上创造的大部分价值被企业拿走的情况，也不用过于惊讶。

当你对这种"不公"感到愤懑不平的时候，不妨试着问自己这样一个问题：如果你在岗位创造的价值不大于你实际拿到的工资，那公司怎么赚钱呢？如果公司赚不到钱，又怎么持续给你提供这份工作呢？

第二，老板们之所以能比你拿更多的回报，是因为他们要比你承受更多的风险。

既然办公司的目的是赢利，谁也不会为了做慈善而开公司，那就意味着，一家公司里面，一定要有人为公司的盈利负责。

老板不一定有多厉害——以我的经验来看，正常情况下，绝大多数老板在很多细分领域上都远远不如自己的员工专业。而且，很多老板每天也确实只要开开会、签签字、拍拍板就行了，有的老板甚至绝大多数时间都不在办公室，到处学习、交际才是他每天的主要工作。那为什么老板能赚大钱？

其实，老板本来就不用样样精通，只需要做好自己最应把关的决策部分就行了。因为他做每一个决定，都是在对公司的盈亏负责，他和你最大的不同，就是他能把公司经营的风险扛在自己身上。

所以，老板之所以看上去很清闲但赚得要比你多，是因为你拿到手的工资是在一个相对稳定的薪资体系和考核制度下获得的"无风险回报"。而老板赚的钱，是他承受了整个公司的成本、运营、市场风险所得来的回报。

请记住，老板的回报并不是旱涝保收的，你只看到老板赚大钱、享清闲的时候，却没想过老板也会有业绩亏损、资不抵债的时候。

正所谓，风险和收益成正比。既然你选择了安稳，将风险转嫁给了老板，老板承受了比你大得多的风险，当然要比你拿得多。

如果你也想像老板一样，争取在未来赚到更多的钱，那不妨尝试去做更多"工作之外"的工作。

管理学大师德鲁克说过："一个管理者整天加班还嫌时间不够用，并非什么值得夸耀的事，反而是极大的浪费。"意思是说，如果你只沉浸在事务性的工作中，那就永远都成不了管理者。管理者最稀缺的资源不是人力，也不是预算，而是时间。

所以，不管日常工作多忙，也要给自己留出反省总结和自我提升的时间，让自己开始具备"闲"下来的能力和底气。

总之，挣钱这件事，真的不一定是"一分耕耘一分收获"的。忙不一定高效，闲也不一定浪费。正确的选择或决策会比埋头努力工作产生的效益更多！

他明明什么事都没干，为什么更讨老板喜欢？

上一节，我解释了老板为什么赚得比你多的问题，但似乎没有解释另一个疑惑：一个与我平级的同事，每天付出的时间精力和我差不多，为什么也赚得比我多？

确实，在职场上存在着这样一类人：当别人为工作上的各种琐事忙得焦头烂额的时候，他在风轻云淡地看电脑；当别人没日没夜加班加点的时候，他已经收拾好东西要下班回家了。

这类人看上去挺懒，相对于那些常常加班的人来说，好像对公司没那么尽心尽力。但是，老板却对他很满意。如果遇到要裁员的情况，他被淘汰的概率反而比那些加班族要低。

这又是为什么呢？

有一个经济学理论，可以解释背后的原因：懒蚂蚁效应。

懒蚂蚁效应起源于日本北海道大学进化生物研究小组的一个实验。

实验小组对三个分别由30只蚂蚁组成的黑蚁群的活动进行观察。在实验中，大部分蚂蚁都很勤快地寻找、搬运食物，少数蚂蚁则整日无所事事、东张西望。生物学家把后者叫作"懒蚂蚁"，并在这些懒蚂蚁身上做了标记。

有趣的是，当生物学家们断绝了蚁群的食物来源时，那些平时很勤快的蚂蚁马上一筹莫展，而这时候，懒蚂蚁们则很快率领其他蚂蚁向它们早已侦察到的新食物源转移。

原来懒蚂蚁们看似无所事事，实际上是在侦察和研究。一旦蚁群丧失了目标，它们马上就能带领大家寻找新的出路。

这就是"懒蚂蚁效应"，懒蚂蚁虽懒于日常杂务，实则勤于动脑。

在职场上，懒蚂蚁效应也一样存在。那些能从大局层面对市场进行观察、研究和分析的员工很有价值。

他们看似偷懒的时间，并不是没有做事，只不过是没有执行那些琐碎具体、肉眼可见的任务，而是在更广阔长远的视角上，思考更好的思路和方案。

对于一家公司来说，需要勤劳的蚂蚁，也需要懒蚂蚁。勤劳的蚂蚁适合做执行，而懒蚂蚁将会在公司的计划设定和未来发展中起到重要作用，特别是当公司发展遇到阻碍或是危机的时候，懒蚂蚁员工的能力就显得尤为重要。

比尔·盖茨就说过："我通常会分配懒惰的人去做艰难的工作，这是因为他的懒惰会促使他去寻找简单的方法来完成这个任务。"

很多人看到这里可能已经高兴坏了：老板再也不能骂我懒了！原来我就是传说中的懒蚂蚁员工，价值大着呢！

慢着，千万别颠倒因果了。

懒蚂蚁效应，不是说一个人因为懒于杂务，所以勤于动脑，越懒越聪明，这个逻辑是不成立的。正确的逻辑是，因为勤于动脑，所以才无暇顾及杂务。

这个效应告诉我们，在职场上，多思考、多复盘、多提升自我，想办法优化工作流程，提高自己的效率，比一味埋头苦干来感动自己更重要。

这点，你明白了吗？

税前薪资和税后薪资为什么差这么多？

2016年，有媒体曾经发布过一篇调查报告，指出企业如今用工成本越来越高，每月要在每位员工身上花掉1.6万元，而每位员工平均每月到手7300元。

如果你看过各个上市企业的年报新闻，就会发现媒体普遍较为关注年报中有关员工薪资的数据，然后得出"XX行业平均薪资XX万"的结论，让读者羡慕不已。

但实际上，如果你去问这些企业的员工，他们会告诉你：第一，平均薪资没什么意义，更应该关心的是企业的薪资中位数；第二，即便真的能拿到这么高的平均薪资，实际上每个月到手的钱并没有这么多，至少得打个8折。

这是为什么呢？

首先，企业发给你的薪资不等于企业要为你支付的所有成本。从显性的角度来看，企业除了要给你按时发薪之外，还需要为你支付包括"五险一金"在内的各种社会福利费用。

大致来说，如果你的社保基数①等于税前收入，那么企业总共需要为你支付的成本基本是你税前收入的1.4倍。如果你的社保基数小于税前收入，这就意味着你养老金和医保的个人账户收入变少了，企业需要为你支付的成本也会从你税前收入的1.4倍降低至1.1倍左右。

当然，也不是工资越高，"五险一金"就越高。各地设置的缴费基数不仅有下限，也会有上限，以避免"五险一金"随着工资的增长而无休止地增长。

当你的工资到了一定数额时，你的"五险一金"缴纳金额就固定了，这其实也是从企业角度出发，为企业减负的一种方式。

其次，如果你的薪资超过了个人所得税的扣税基数，那么你到手的钱除了要扣除"五险一金"的费用，还需要缴纳个人所得税。

目前，我国的个人所得税税制总共分为7级（见表1-1）：

---

① 社保基数是指职工在一个社保年度的社会保险缴费基数。它是按照职工上一年度1月至12月的所有工资性收入所得的月平均额来进行确定。

表1-1　个人所得税税率表

	应纳税所得额[①]		税率（%）
	旧税率表	新税率表	
1	不超过1500元的	不超过3000元的	3
2	超过1500元至4500元的部分	超过3000元至12000元的部分	10
3	超过4500元至9000元的部分	超过12000元至25000元的部分	20
4	超过9000元至35000元的部分	超过25000元至35000元的部分	25
5	超过35000元至55000元的部分	超过35000元至55000元的部分	30
6	超过55000元至80000元的部分	超过55000元至80000元的部分	35
7	超过80000元的部分	超过80000元的部分	45

需要说明的是，个人所得税采用7级超额累进税率，而不是全额累进税率。

所谓全额累进，是以工资全部数额为基础计算，凡超过某个级距，即以其全部数额适用的税率征税。而超额累进则是以工资的超额部分为基础计算，凡超过一个级距，即分别以其超额部分适用相应的税率计算。

对于个人来说，采用超额累进税率的好处也很简单：你需要交的税会更少。

对于企业来说，支付给员工的薪资、社保成本还只是"显性成本"，除了这些投入，还有很多隐性成本要考虑进去。而如果把这部分投入也算进去的话，企业花在每个员工身上的钱，还真是要比员工拿到手的要多很多。

有些上市公司就会把对员工的福利、商业保障、培训、疗养等其他一系列费用全算进员工薪资里去。即便有些企业没有那么多的福利、保障和培训，但员工的差旅、办公、系统、通信、合规等方面的成本，也不是一笔小

---

① 旧个税起征点为3500元，自2019年1月1日起，新个税法施行后，起征点为5000元。表中"应纳税所得额"为月薪扣除起征点数额后的金额。

数目。这也是为什么有人力资源专家说，员工的到手工资只是企业薪酬成本的"冰山一角"。

怎样合理避税，每年到手的钱多一点？

前面解释了"五险一金"和个人所得税，那么对于工薪族来说，怎样合理规划自己的收入，以实现避税的效果，让每年到手的钱尽量多一点呢？

2019年年初，曾有读者问我：自己拿了一笔6万多元的年终奖，与12月份的工资一同发放，结果被扣了2万多元的税。而他的朋友拿了一笔8万元的年终奖，却只交了7000多元的税。

这位读者表示十分不解：哪里出问题了？

除此之外，我也被问过其他类似问题：为什么有时候多拿一元钱，要多交好几千元的税？为什么年终奖享受了税收优惠政策，却交了更多的税？

其实，这些问题的出现，都是因为我们对自己的收入缺乏应有的管理意识。

上一节中提到目前我国采取的7级个税税制，而在这个基础的税制之外，还有一系列配套措施。

比如自2019年1月1日起，个人所得可以扣除子女教育支出、继续教育支出、大病医疗支出、住房贷款利息支出、住房租金支出、赡养老人支出这6个专项后再计算应纳税额。

再如2018年12月27日，财政部发布了《关于个人所得税法修改后有关优惠政策衔接问题的通知》，年终奖个税优惠延期至2021年12月31日。

这就意味着，你有没有主动申报各种专项扣除信息，有没有针对年终奖进行对应的规划，会直接影响你应纳税额的多少。

月薪的应纳税所得额=收入－五险一金－个税起征点－专项扣除。对照上一节中的税率表确定对应的税率和速算扣除数后进行计税。

你也可以简便地计算：月薪应纳税额=月薪应纳税所得额×税率－速算扣除数，二者的结果是一样的。

比如小A月薪10000元，五险一金缴纳3000元，6个专项中只满足子女教育支出那一项，可扣除1000元。那么小A每月应纳税的收入就是：

10000－3000－5000－1000=1000元

1000元对应的税率是3%，速算扣除数是0，那么小A每月应缴税额：

1000×3%－0=30元

而如果没有把专项扣除的部分算进去的话，小A每个月要多交30元。

另外一个大家比较关心的是年终奖使用个税优惠政策进行扣税的情况。

用年终奖除以12后得到的数额，去找对应的税率。

年终奖应纳个税=年终奖数额×对应税率－速算扣除数

举个例子，小A月薪10000元，年终奖50000元。

首先算得50000÷12=4166.67元，对应的税率是10%，速算扣除数是210。

所以小A的5万块年终奖应纳个税=50000×10%－210=4790元。

值得一提的是，目前年终奖个税优惠政策仍然有效，但由于新个税制度的税率发生了改变，所以会存在相同金额所需缴纳的个税大大减少的情况。

比如年终奖30000元，30000÷12=2500元，按旧个税制度来算的话，应纳税30000×10%－105=2895元，而按新的个税制度，则应纳税30000×3%=900元，减少了近70%。

而前面提到的年终奖交税情况迥异的原因，是因为这位朋友的奖金与12月工资一起发放，财务把这笔奖金并入了月薪进行计税，没有享受年终奖个税优惠政策。

去大公司求职，还是去小公司？

很多人都以为，这个话题基本可以等同于：去大公司当一个不起眼的螺丝钉好，还是去小公司当一个独当一面的顶梁柱好？去大公司就一定是默默无闻、打卡搬砖，最后泯然众人；去小公司就一定是历尽考验、多劳多得，最后得偿所愿？

但实际上，在选择职场的时候，很难真正得出"哪个更好"的结论，只能说"哪个更适合"。

举例来说，有些人以为大公司机制僵化、自由度低，但实际上，很多公司都有自己的创新机制，员工不仅可以获得相应的自由度，还可以获得小公司难以匹敌的各种体系化的资源支持。哪怕只是一些很基础的工作，和小公司相比，大公司训练出来的人才确实会更加规范、更加注重细节、更符合主流市场的期望和需要。

小公司听着似乎很锻炼人，但往往意味着不完善的内部协调机制、几乎不存在的公司治理体系、几乎等同于老板个人喜好的企业文化和朝不保夕的企业前景。哪怕你在小公司已经成为可以胜任多个岗位的顶梁柱，但由于小公司在市场份额、用户量级、产品成熟度上的先天不足，也会导致你做出来的很多成果在主流市场上或许只是个不值一提的"小水花"而已。

大公司当然有其固有的毛病，比如烦琐的内部沟通协调机制、冗长的团队配合链条、缓慢的市场反应速度。但换个角度来看，这也可以理解为更为规范的工作流程、更为宽广的系统资源和更为稳定的发展前景。

小公司工作更独立、更自主，能让你直接和管理者对话，学习、处理更多领域的挑战，积极应对市场的变化等；同时小公司也意味着管理会更乱一些，事情会更杂一些，前景会更不明朗一些。

小公司有小公司的简单，大公司有大公司的专业；创业公司一开始起步都是小公司，小公司也会成长为大公司。

所以，不用去吐槽大公司的管理和组织效率，也不用去吐槽小公司的拿来主义，这些都是顺应发展规律的必然结果。

其实，在职场的选择上，你需要考虑的是这几个因素：薪资福利、技能增长、职场提升、稳定性、公司影响力以及工作强度。

当然，不管公司大小，上面这些因素也没有公司能兼备，就看你自己更侧重哪些，然后尽可能在占优因素更多的公司里面选择。

我想强调的一点是：无论你现在是在大公司还是在小公司，都不必太过羡慕别人的职场状态，或懊恼自己当初的选择。毕竟世界上每个人的追求都不一样，别人的成功轨迹很难复制，努力找到最适合自己的职业发展路径就够了。

怎样避免成为月薪过万的"都市穷人"？

伴随着"90后"陆续走入职场，他们中间开始流行一句话：月薪过万，一无所有。

当"70后"在谈论基准利率和抢国债，"80后"在谈论还车贷、还房贷、还人情债的时候，"90后"好像只热衷于讨论吃、买、玩。所以，即便有不少"90后"月薪过万，但每月工资一到手，还完各种消费债务以后不仅没得剩余，还有很多消费需求得靠分期付款才能维持。

看得出来，"90后"在钱这件事情上，普遍会比"70后""80后"这些"老一辈"们更为乐观。这种潇洒任性的作风和这一代人的成长环境紧密相关。

"70后""80后"小时候物质生活普遍较为匮乏，而且在当时的年代，没有太多的行业及岗位可以选择，这一代人的安全感往往比较薄弱。

而"90后"成长在不愁吃喝、经济高速发展、追求彰显个性的年代。无论是经济上还是精神上的安全感，他们都远比"70后""80后"要强。

这种状态是不是可以一直维持下去，无须改变呢？答案当然是否定的。

从理财的角度来看，人生有四大"钱关"，第一是结婚关，第二是买房关，第三是子女教育基金关，最后就是退休关。要顺利通过这几关，都需要金钱作为支撑。

"90后"如果想要一步步顺利通关，请参考以下几个建议：

1. 好好工作，多多挣钱，别当一个月薪过万的"都市穷人"。

千万不要觉得自己还年轻，就可以先放开玩几年，而忽视工作能力的提升。实际上，初入职场，投资回报率最高的就是对自己工作能力的投资，让自己的工资上涨的速度高于通货膨胀的速度，这是每一个参加工作的"90后"首先应该做的。

2. 学会存钱，完成个人资产的"从0到1"。

存钱是所有人生规划的开始，消费、借贷消费，甚至无节制地借贷消费则不是。不管"90后"心中有多少花前月下、享受人生的梦想，学会延迟满足，开始存钱才是实现梦想的前提。

3. 积累财商，尝试理财，开始滚自己的财富雪球。

理财的根本，是通过一定的方法提高我们对钱的掌控力。小到日常的消费规划，大到进行股票、房产等投资，都需要足够的财商积累，才足以驾驭。

所以，在提升完自己的赚钱能力，开始学会存钱之后，就得开始有计划地学习与理财相关的知识，并从日常的点滴开始，逐步建立自己的理财规划。

需要注意的是，理财的目标应当是保值增值，而非一夜暴富。那些总是幻想"搏一搏，单车变摩托"的人，最终往往输得一无所有。

4. 找到最适合自己的理财方式，并建立长期规划。

对于初涉理财的"90后"来说，最简单的资产规划就是找到自己的固收类、保障类和权益类资产搭配，在确保稳固收益的同时，合理规划自己的人生保障，适度博取更高的收益。

当然，这种搭配并没有最优解，也不必完全听从主流的意见和观点。毕竟投资理财是非常个性化的理财经验总结。不同的资产储备、不同的理财目标、不同的风险意识和不同的生活际遇，都会带来不同的财富人生。

你需要做的，是不断自我提升，让自己学到的每一点理财知识、接触过的每一款理财产品、交过的每一次"学费"，都能成为未来人生和财富决策的依据，而非负担。

是在小县城赚 3000 元好，还是在大城市赚 10000 元好？

大城市各项成本的日渐高涨，一二线城市的产业迁移和外溢，让越来越多的年轻人开始困惑：大城市的机会不一定更多，在三四线城市甚至县城是否也有可能获得别样的发展？

但对于绝大多数刚刚毕业的年轻人来说，是在小县城赚3000元好，还是在大城市赚10000元好，确实不是一个能轻易下结论的问题。

对于父母一辈来说，子女在县城工作有千般好。

县城意味着安稳，和父母住得近，不用带着大包小包频繁搬家，不用买什么之前都想着以后搬家该怎么"断舍离"。不用挤上下班高峰期的地铁，不存在堵车一说，就巴掌大的地儿，走几步路，开几分钟车就到上班的地方了。

每天朝九晚五，下班回家既能邀上三五好友下馆子，还可以经常去爸妈家蹭饭。到年龄就找个对象，生个孩子，安安稳稳就是一辈子了。

但对于很多年轻人来说，要回县城多多少少有些不甘心。县城虽然安稳，但同时也意味着个人选择上和薪资收入上的局限性。

确实，在大城市工作，有机会获得更好的机遇和更可观的薪资，但要在大城市稳定地生活下来，也不是一件容易的事情。

比县城还破败的城中村，高峰期人山人海的地铁，没完没了的996……于是，县城的3000元月薪，还是大城市的万元月薪，就变成了一道难以抉择的选择题。

其实，年轻人之所以不愿意回县城，主要是不知道县城有没有未来。

毕竟人口、产业和资源都在向大城市集中，在很多小县城里，除了公务员和教师这些体制内的工作，几乎就没有特别让人看得上眼的机会了。

有人想过把一二线城市火爆的产业往县城引，但往往也是水土不服，最后关门了事。反倒是那些已经被人遗忘了的乡村，近些年倒是出了些发展农牧业的机会，但对于绝大多数受过高等教育的年轻人来说，一时半会儿还真拉不下脸回去干农活。

至于县城到底有没有未来，坦诚地说，大部分县城的经济前景都是比较黯淡的。

如果是离发达城市比较近的地级市县城，一般还有承接工业、发展第二产业的可能性，但由于市场容量和人才结构的限制，承接第三产业的可能性一般不大。如果县城本身是旅游城市，有发展旅游业的可能性，那么发展空间就会比较大一些。

如果你打算回县城，需要关注未来的利好、资源、规划，如果这些都没有，建议不要考虑华而不实的创业，毕竟县城经济实力和人均消费力摆在那里，没有人买单，哪来的变现？当然，如果有一个体制内的工作，日子还是会比较舒心的。虽然赚不了大钱，但也饿不着，安安稳稳一辈子。

如果你打算到大城市打拼，就要做好相应的心理准备，因为没有哪一条路是一定会成功的，只是这座城市能给你更多的试错机会和跃升空间而已。

所以说，没有绝对正确的选择，一切都得视你的个人情况和人生追求而定。

拿固定工资好，还是自由一点好？

大家身边肯定不乏这样的现象：工作稳定的人抱怨自己每个月只能拿固定工资，日子没有奔头；自由职业者又苦于工作不分昼夜，且常常吃了上顿没下顿，日子过得不安稳。

那么，普通人在稳定工作和自由职业之间，究竟该如何抉择？

我们来分析一下，这两种工作的收入模式各有什么利弊。

稳定工作，也就意味着给别人打工，正常工作的情况下每个月工资自动到账。对于自己能挣多少钱、有多少时间是有很明确的认知的，也能在这种认知下较为有序地安排生活。

但打工没多少话语权，还得看老板脸色行事。如果工作做得不好或能力不突出，会有被扣工资、丢工作的风险。再往深一步讲，打工会在一定程度上限制个人的想象力、创造力等。而且每天打卡上班的人想必都很羡慕那些自由职业者可以自由安排自己的每一天吧。

而自由职业呢，则是完全自己对自己负责，时间上是较为自由的，收入也没有天花板，月收入可能达到好几万元甚至数十万元。并且他们通常更能在热爱的领域里无限挖掘自己的潜能，生命充满了更多可能。

但对于他们来说，确实也面临着盈亏不稳定、饥一顿饱一顿等风险。虽然时间上自由了，但很多自由职业者花在工作上的时间往往多于稳定工作者，陪伴家人的时间就更少了。

仔细想想，其实这两种职业选择就是两种价值观的选择，也可以说是两种风险偏好的选择。

前者选择安逸但不自由，他们愿意牺牲自由和更多的可能性来谋求生活的稳定，是风险保守型的人倾向选择的。而后者选择奋斗而不安于现状，稳定的工作和生活无法满足他们对于人生的追求，他们更想通过奋斗博取未来的各种可能性，是风险进取型的人较喜欢的方式。

坦白讲，两种方式并无好坏之分，主要取决于个人的风险偏好及对人生的定位。那么到底选择哪一种？先想明白自己是哪种风险偏好的人吧。

对于选择稳定工作的人，我的建议是：在拿固定工资的同时寻找渠道和资源，提高税后收入，为自己的生活加一重保障。

对于选择自由职业的人，我的建议是：既然选择了"远方"，便只能风雨兼程，但同时要对风雨背后隐藏的风险保持应有的敬畏！

当然，不管是稳定工作还是自由职业，提升自己的核心竞争力，塑造好个人品牌，才是立世的根本。

为什么很多企业招聘员工仅限"35岁以下"？

如果你留意过招聘网站上放出来的职位信息，会发现很多企业招聘明确规定了年龄必须在35岁以下。

为什么越来越多的企业会有这样的要求？我们又该如何看待这个问题？

首先，对于职场人来说，35岁往往是一个两极分化的临界点。有的人在公司获得晋升，春风得意；有的人在公司从事着基础性工作，默默无闻。

前者基本上是有硬本事的，即便离开了现有的平台，大多也能闯出自己的一片天。

后者多数挣扎在被淘汰的边缘。他们一旦被现在的平台所淘汰，很难再有机会找到自己满意的工作。

做企业毕竟不是做慈善，出于成本和效益的考虑，一个更有活力的年轻人和一个35岁却没有过硬本事的中年人，企业理所当然会选择前者。

另外，对于35岁的中年人来说，不仅外部的职场机会越来越少，内部的生活压力也越来越大。

35岁的人通常都上有老下有小，房贷、赡养父母、孩子的抚育和教育费用等，哪项不让人头疼？工资到手还没揣热呢就已花出，哪像年轻时可以一人吃饱全家不饿？除此之外，还要分出更多的时间给家庭，不可能像二十几岁的年轻人那样，以公司为家，可以24小时工作不打烊。

更关键的是，35岁以上的人的身体条件也远不如二十几岁的。35岁之前基本没看过医生，35岁后病历本上的内容一页一页地迅速增加。

所以，从现实层面来看，企业追求员工年轻化也是迫不得已的一种做法。毕竟，资源要留给那些更有能力、更有积极性且更具价值创造力的人。

虽然很多人到了35岁还四处投简历，和刚毕业的年轻人竞争一份基础性工作；但也有不少人到了35岁以后，人生道路越走越宽阔，越走越精彩。

如果你比较过他们的能力和经历，会发现那些到了35岁还在为一个工作机会挣扎的人，往往具有以下特点：此前的工作经验往往只是重复性劳动，或者频繁跳槽没有明确目标，没有清晰的职业规划。

　　而那些有更多选择的中年人，他们在职场上的杀手锏在于，年轻时就已经仔细想过自己想要什么生活，认真了解自我，并且脚踏实地地按照自己的规划为自己理想的生活做出一步步的努力。

　　如果你还年轻，不想成为进退两难的35岁中年人，我的忠告是：

　　认识你自己。仔细地想想自己是个什么样的人，坦然接受自己的优点和缺点，思考什么是自己想要的、适合自己的生活和未来。

　　选择好方向并规划未来。在足够认识自己的基础上，结合现实因素有所取舍，选定自己的方向，并且制订长、中、短期的可执行目标。

　　付诸行动。朝着目标一点点地努力，不断积累有用的经验和方法，磨炼自己在所选方向上的各种能力。

　　思考应变。生活并非一成不变，在往前走的过程中，外界也好内心也好，都会发生变化。带着思考去应变，哪里不会补哪里，哪里不对改哪里。

　　如果你已年近35岁，但仍一事无成，其实也不要紧。只要你抱有"最糟不过当下"的乐观心态，未来一定会比现在好。

　　有人说，每个人从零开始到成为一个领域的专家需要大约7年的时间。那么如果你能活到81岁，25岁之后你就有8次机会成为某个领域的专家。

　　毕竟，每个明天是无数个今天堆积起来的，想要明天过得好，今天开始去做就好。

第二章
爱情与面包如何兼得？

用理财的视角来看待爱情，合适吗？

人生在世，在衣食住行的基本需求之外，通常还会有两个重大的"使命"：拥有一次轰轰烈烈的爱情，赚到能维持体面生活的金钱。

这两个使命看似风马牛不相及，但实际上又有很多的共通之处。而且，如果你能学会用理财的视角来看待爱情，往往还会使自己的感情更为稳固、更为长久。

要想理好财，首先要做的是认识你自己。因为金融市场是一个风险与机遇并存的地方，认识自己，明确自己的风险承受能力、收益预期和理财知识储备，才有可能确定合理可行的理财目标，才能在为了目标而努力的每一个步骤中都做出正确判断。

同理，在爱情里要想拥有甜美长久的爱情，首先要做的也是了解自己。我是什么个性的人？喜欢什么样的人？常说门当户对，三观吻合，不了解自己，又怎么能挑选到合适的另一半呢？

理财的过程中，还有一个细节非常重要，那就是制定详细可行的理财规划。没有理财规划的人生就是随波逐流，看似自由无限，实则步步惊心。而没有爱情规划的人生，看似"桃花遍地"，但也容易无疾而终。毕竟，不同的目标和计划会影响我们对待另一半的态度，也直接决定了我们在这段感情里付出多少和收获多少。

如果你有幸能和你的另一半从浪漫的爱情升级到相濡以沫的婚姻，那有关理财和人生的规划，更是你逃不掉的必修课。

婚前，我们需要规划日常开支，展开储蓄计划，用以租房、学习新技能、支付房屋首付等；婚后，子女教育基金和房贷成为我们最重要的事；之后，养老、财富传承问题则需要我们提前规划好。

理财和爱情还有一个很相似的地方，就是你的投入决定了你的产出。

要想收获一段感情，需要明确自己的需求，要有充分的规划。而要想收获一段稳定的感情，那就要在前期工作都做好的基础上，投入相应的精力。

比如，你应该去哪里寻找自己心中的他？找到心中的他以后，通过哪些努力来赢得他的关注？两个人在一起之后，怎样磨合彼此之间的关系，让这段恋爱关系持续下去，最终收获到你想要的结果？

类似的过程，其实在理财中也是一样的。了解了自己的风险偏好和投资目标，有了一定的资产规划和配置计划之后，就可以根据自己的资产现状、投资偏好等来配置资产，通过时间和复利的作用实现我们的具体目标。

最后，如果两个人发现彼此不合适，那和投资理财一样要学会及时止损，也是我们在感情中必须接受的一个事实。

从另一个角度来看，爱情中的彼此如果能做到不好高骛远，更脚踏实地地生活也许能获得更多的幸福。就像理财过程中的你我，千万不能再做收益高、风险小、流动性强的白日梦，设定合理的收益期望值，及时止盈止损，才能把钱理好。

总之，如果你能学会用经济学和投资理财的眼光看待生活中的很多问题，一定会有不少全新的收获和启发。

尤其对于绝大多数理财菜鸟来说，充分运用好经济学的思维，在不同的阶段做不同的事，清楚自己要做什么投入，要花费多少精力，才能正确处理好包括爱情在内的各种关系和挑战，收获更为圆满的人生。

门当户对到底是世俗偏见，还是理性之选？

在各种肥皂剧中，一旦涉及爱情、家庭类题材的，十有八九男女主角的牵绊和矛盾都会因为彼此阶层和家庭背景的差异而被放大。

观众一边吐槽门当户对这种老旧设定，一边美滋滋地继续追剧——按照编剧们的惯常套路，不管男女主角之间的差距有多大，最终灰姑娘都会变成美丽的公主，穷男孩也一定会走上人生巅峰，成功迎娶心中的女神。

不过，追剧归追剧，现实归现实。当我们自己在谈恋爱的时候，嘴上虽然不承认自己会重点考虑伴侣的出身和背景，但在心里还是有一杆秤，衡量着彼此之间的投入和产出。

那么，这种想法到底是世俗偏见，还是理性之选呢？

在回答这个问题之前，先说一点题外话。这几年，我国在努力推动去产能、去杠杆，为的是主动淘汰落后产能，实现国民经济由旧动能向新动能的转换。所谓的供给侧改革，就是要把提高供给体系质量作为主攻方向，使得先进的供给能够满足现在还满足不了的需求。

简单来说，就是要使我们国家的企业能提供更优质、更高端、具有更高附加值的产品和服务，以满足日渐增长的民众需求。

而在恋爱的过程中，这样的供给和需求之间的矛盾也是真实存在的。

以前的人们讲究门当户对，说的就是双方的家庭背景、学识教养、文化观念要基本一致，这样才能在往后的婚姻生活中达到共赢的效果。

现在虽然不太讲究所谓的门第出身了，但我觉得，年轻人也还是可以参考门当户对的思路来处理与恋人之间的关系。

当然，我所说的门当户对不一定是双方的经济基础和家庭背景，更多是指的个体素质和潜力。

有过感情经历的人都知道，相爱的过程，其实是一个提升自己、塑造更好的自己的过程。男女双方不仅要心灵相通，而且至少要有一方不停地进步，这种进步还不能建立在伤害伴侣的基础之上。

也就是说，灰姑娘有变成公主的潜力，所以短期内看着差距有点大并不要紧。但如果明明是只癞蛤蟆，还一心想着怎么去骗一口天鹅肉，那就是双方的悲剧了。

另外，任何时候，任何阶段，都不应轻易放松对自己的要求，然后才是对伴侣的要求。感情的经营，首先还是在经营自己，然后才是经营对方。

比较好的恋爱状态，应该是两个人的生活质量比单身的时候更好，不仅在情感上两情相悦，在生活上也能互相扶持。

不然伴侣的眼界高了，要求多了，你却还只停留在原地，那就不能怪别人把你当"落后产能"淘汰了之。

从这个角度来理解门当户对的话，你就会明白，两个人要想在一段恋爱关系中修成正果，不一定是彼此出身有多接近，但肯定是因为对方的出现提升了彼此生活的幸福指数。

为什么富豪喜欢家族联姻？

在不少影视作品中，都会上演这样的一幕：某家族企业陷入困境，为了挽救即将破产的企业，选择与其他家族进行联姻；或者是出身贫寒的男主角，因为无法获得女主角大家族的认同，最终不得不目送自己最心爱的人和一个没有感情却门当户对的人结为夫妻。

影视作品的表现或许略有夸张，但其灵感来源于现实生活。真实的情况是，家族联姻的确在不断上演。似乎越有钱的人，越喜欢家族联姻。

为什么会这样？

从经济学的角度来看，每一个人的财富都是一个单独的数字，每一个人的财富都是通过减法计算出来的，即收入−支出＝财富。

想要让自己的财富不断增值，就要把等号右边的数字不断变大。要达到这个目的无外乎三种方式：想办法增大收入，想办法减少支出，或者两者同时进行。

当收入达到一定程度之后，很容易遇到增收的瓶颈，在财富增值遇到瓶颈的情况下，如何实现能力之外的收入？有一个方法很简单，那就是借助家族联姻。

虽然1+1=2的方式还有很多，比如借钱和贷款，但那始终不是自己的钱，而且附带显性成本。企业合伙也是一样，因为不是自己的钱，所以没人会为你撑到最后一刻，赢利了分钱，亏钱了散伙。

家族联姻却与之不同，中国有一句古话叫"众人拾柴火焰高"。在自己已有的财富基础上，加上一份其他人的财富，比如10亿元加上10亿元，那就是20亿元的财富。用20亿元去赚2亿元，要比10亿元赚2亿元简单。这就是家族联姻在富豪圈子中并不少见的原因。

对于普通人的婚姻来说，感情的契合虽然很重要，但通过婚姻的载体实现新家庭的财富提升，也是一个非常务实且常见的目的。不然，怎么会有那么多女生在相亲前希望男生有房有车，而男生也希望女生有稳定收入呢？

所以，从联姻双方的利益层面来看，联姻是最好的选择。只不过从联姻的两个对象自己来看，这是不是上天给他们最好的安排，就只有他们自己清楚了。

经济不景气时，为什么离婚率会下降？

关于经济不景气时出现的经济现象，经济学界已经总结了很多种效应，例如：口红效应、土豆效应等。

口红效应是指经济不景气时，人们依然有购买奢侈品的欲望，但倾向于购买奢侈品中比较廉价的口红；而土豆效应则是指经济不景气时，人们减少价格稍贵的面包的消费，转而购买更多价格更低的土豆。

那么经济不景气和离婚率之间，又有怎样的关系呢？

我想很多人会猜测，经济不景气会导致离婚率的提高。因为一般来说，经济窘迫的时候，可能出现失业、收入降低的情况，从而导致婚姻生活的压力上升，夫妻的矛盾加剧，婚姻瓦解的可能性因此增大。

并且男方一般是家庭的主要支柱，一旦男方在经济衰退中受损严重，将会极大地提高离婚的可能性。

但科学家的调查研究结果却与此相悖。

来自美国马里兰大学的社会学家菲利普·科恩（Philip Cohen）对美国社区调查的数据分析显示，经济不景气时期，离婚率反而会下降。

美国另一位经济学家阿卜杜·乔德里（Abdur Chowdhury）曾做过"经济

衰退与夫妻离异"的主题研究。据他在2012年发表的研究结果，在经济困难时期，驱使美国夫妇做出离婚决定的主要因素是钱，而不是不愉快的心情。

乔德里表示："离婚存在顺周期性，这意味着离婚与经济存在一致性，即当经济处于不景气的时期，离婚率会下降；当经济状况好转后，离婚率则会上升。"

这背后有什么道理呢？或许可以这么来解释：

所谓没钱寸步难行，经济不景气时面临较大的经济压力，离婚的代价相对来说就变得更高昂。

所以，当你没钱的时候，连离婚都变成了一种奢侈，这样听起来是不是有点残酷？不过话说回来，这倒和马斯洛的需求层次理论是相契合的：人在满足了生理、安全需求后，才会更多地去考虑社交、尊重、自我实现的需求。在我们所说的这个例子中，经济状况属于生理、安全需求，婚姻关系则属于社交、尊重、自我实现的需求。

再者，当人面对困境时，更容易打开同理心的匣子。如果在经济不景气的时候离婚，双方的经济状况会雪上加霜，所以也就更容易同心协力共渡难关。

而且，在经济不景气的时候离婚，按照资产的当下价值进行分割的话，对于双方都不划算。即便要离婚，也要等到经济好转的时候再离，那时候资产价值有所回升，分到的资产也会更多。

为什么有些女生说，婚姻是一纸期货合约？

如今，结婚率下降已经不算什么新闻了。

而在结婚率下降这个社会现象的背后，有一个很重要的原因，就是女性意识的觉醒。

一直以来，有些地区或家庭中存在着婚姻中"物化女性"的现象。好像女性生来就是为了嫁人，生来就是要照顾老公、孩子，伺候公婆。在2019年热播的电视剧《都挺好》中，苏母对于女儿明玉的教育理念就是如此："你怎么能跟你两个哥哥比呢？你将来是要嫁人的，我们只负责你到18岁。"

女性朋友们看到这里可能会有些生气。是的，随着女性受教育程度越来越高，女性的独立自主意识逐渐觉醒，过去那一套"以相夫教子为人生使命"的命题已不适合当下的女性。相比家庭，很多女性更注重自己的人生价值，要靠自己的努力过上理想的生活。

《2019年女性安居报告》就显示，2018年这一年，单身女性买房占比创下新高，达46.7%；2015年时这个数字只有24.6%，仅为当下的一半。

"当我自己可以挣钱，可以做饭，可以换灯泡，甚至可以买房时，我要男人干什么？去当一个免费的保姆吗？做不好还要被数落……"这似乎成了很多单身女性的心声。

从经济学的角度来看，一个能力较强的女性在婚姻中，至少在婚姻的前半部分，她的投入和回报是极不成正比的。

如果她选择结婚生子，就意味着她要在一定程度上放弃事业的上升空间。在工作的选择上，她可能要更多地考虑"上下班方便""工作轻松"等因素，因为要分出时间和精力照顾家人。

因此，这些女性所在的企业要支出更多的成本，如生育成本、补偿性工资、预期劳动生产率、转岗培训成本、额外福利支出等。

所以即便我国女性对GDP的贡献率在2015年就达到41%[①]，在全球处于前列，社会对女性权益的整体保障措施也比较健全，但在某些领域多少还是存在

---

① 详见麦肯锡公司 2015 年发布的研究报告《性别平等推动中国 16 万亿元的 GDP 增长》。

性别歧视，特别是对于婚育期的女性。

而女性能从婚姻中收获什么呢？首先是生育孩子，然后是督促辅导孩子学习，包揽家务，照顾双方年迈的父母等。

所以，越来越多的女性开始明白，结婚就像办企业，签订终身批发的期货合同。双方拿出不同的资源，发挥作用的时间也不同。

从经济学的角度看，具有不同专业优势的、在能力与收入等领域有一定差别的，但又能实现彼此互补的男性和女性，确实可以通过婚姻的形式，让自身及双方的收益达到最大化。

在满足生理和心理上的需求之外，达成夫妻双方间的保险契约，并通过劳动分工实现比较优势利益和递增报酬。

所以，对于很多年轻女性来说，除非婚姻可以成为工作上的避风港、生活上的输血管、财务上的提款机，以及实现个人跃升的台阶，否则结婚对她们确实没有什么吸引力。但是如果结婚后的人生能比没结婚之前好很多，相信她们也不会拒绝。

结婚后，谁来管钱比较合适？

婚后谁管钱？

这是每对新人都会讨论的一个问题。这个问题本身没有标准答案，谁擅长谁管。

但很多人觉得这个问题恰恰是最关键的原则问题，不能这么轻易决定。

有人说夫妻俩都还年轻，都想多享受生活，所以也谈不上谁管钱，因为每个月基本也存不下钱；

有人说夫妻俩设置一个共同账户，两人将每月工资按一定比例往共同账户中存钱，其余的钱就各花各的；

有人说钱从来都是老婆管，老公只有准时上交，每周定期领生活费的份；

还有的夫妻比较厉害，用现代财务管理制度的理念来管理家庭财务：夫妻一个负责管账，一个负责管钱，管账者可随时要求检查资金账户的状态，管钱者可随时要求查看账务信息，重大财务决策要由双方同意才能执行。

看得出来，在婚后谁来管钱这个事情上，大众的智慧是无穷的。

不过，管钱这个事情，首先不应当是一项需要争夺的权利，而是一个责任。这个责任背后的目标是为了生活过得富足，并不是借由管账防范彼此或控制对方。

有朋友跟我说过：结婚是两人搭伙过日子，不是相互占有，而是并肩齐行。所以他不会硬性规定谁管钱，也不喜欢把对方的钱控制死，彼此都感到自在舒服，才是最好的状态。

另外，在以家庭财富增值为目标的前提下，我们不妨考虑以下几个方面：

1.谁理财能力好谁管（以金融知识及消费观念作为判断依据）。

2.谁消费额少谁管（防止一方乱花钱、败家的情况，比如赌博、喜欢买奢侈品等）。

3.谁对家庭贡献大谁管（由双方商量决定，如有一方全职服务于家庭，则建议由牺牲个人事业和收入的一方来管）。

总之，管理家庭财务开支是一种能力的体现，谁有能力挣钱谁去，谁有能力管钱谁管。

别迷信那些段子和鸡汤文里面描述的"理想婚姻"状态：老公负责挣钱，老婆负责花钱，还被老公捧在手心里，当小公主……

无数例子证明，这种所谓的理想状态其实很难实现，而且对婚姻中的双方来说都不是好的选择。

那么，如果是你来选的话，你选择由谁来掌握婚后的"财政大权"呢？

婚前财产协议这事真的靠谱吗？

如果你关注过国外的时事新闻，就会发现欧美国家对婚前财产协议这件事的态度是非常开放的。尤其在欧美的工商文体届名人里面，如果有谁没有签婚前协议，反而会在离婚时成为新闻。

最典型的案例就是2019年的世界首富贝索斯的史上"最贵离婚"。由于贝索斯创业时，夫妻俩也没有太多的资产，所以当时并没有签订婚前协议。在两人的感情走到了尽头以后，从法律角度来说，贝索斯的夫人麦肯齐可以分得婚内创造的一半财产，总计将超过700亿美元。最终，贝索斯夫妻通过协商达成了离婚协议，原本1400多亿美元的共同财产中，麦肯齐得到了360亿美元，成为全球第四大女富豪。而拥有剩下1100多亿美元资产的贝索斯，最终还是压过微软创始人比尔·盖茨，保住了全球首富的名号。

这种名人夫妇离婚导致的巨额家产分割，在欧美确实是不怎么常见的新闻，因为很多名人一开始就会签好婚前财产协议。

比如有过几段婚姻的特斯拉公司CEO埃隆·马斯克，他与前妻莱利曾两度结婚并离婚。第二次离婚后，依照婚前财产协议的约定，莱利仅获得了1600万美元现金和其他一些财产。而当时的马斯克已经是SpaceX、SolarCity和Tesla三家公司的CEO，标准的亿万富翁。

看到这里，你可能想问，这种名人富商的婚姻纠葛跟我们有什么关系呢？欧美人已经习以为常的婚前财产协议，也会成为新时代中国年轻夫妻的标配么?

会不会成为标配还不知道,但从理财规划的角度来看,婚前财产协议其实是一个非常理性的选择,并没有什么对错之分。

只不过,是不是每个人都得这样理性一把,还得看夫妻俩自己的意见。

如果你真的打算在婚前签订一份财产协议,下面这些要点,是你必须注意的。

一定要从情理上明确婚前财产协议与婚姻本身的关系,婚前财产协议并不是两人婚姻的前提,而只能说是一种"应急处理方案"。如果接受不了就不要谈,如果明确了打算要这么做,就不应当有过多的情感干扰。

你得明白,即便不签订婚前财产协议,全款买下的房、已持有的公司股票、存款等个人财产,该是你的婚前财产还是你的,并不会因为婚姻关系的建立而转变为夫妻共同财产。

婚前财产协议比较适用的,主要是一些在感情上难以分清,但如果最终婚姻破裂又需要进行资产梳理和切割的情况。

例如,婚前你贷款买了房,婚后需要你们共同还贷。而在你们共同还贷期间,房产产生了增值部分。这种情况下通过婚前财产协议对房产债务及日后的增值部分权属问题进行事先约定,也不失为一种公平的做法。

当然,这份协议一定要建立在双方都认可的基础上,如果因为要公平而伤了对方自尊,破坏了彼此感情,也是得不偿失的。

再者,如果内容违法或者显失公平,比如约定对方若有过错就净身出户,法院一般是不支持的。

最后,在协议的生效问题上,双方签字协议就已生效,公证则可以对一方丢失协议等特殊情况进行保障。

总的来说,要问婚前财产协议靠不靠谱,得先琢磨下你的另一半会不会答应，还要看看你的资产是否真的已经到了有必要进行全盘规划的程度。

离婚了，我们的房子怎么办？

离婚财产的分割主要有两种方式，一种是协议分割，一种是调解或判决分割。

一般来说，能讲情分的，就别动用法律。如果能把离婚处理成一次和平的道别，就别让它变成一场法律的宣判。毕竟，法律的宣判意味着曾经并肩作战的最熟悉的人要成为法庭上对立的双方，想想都觉得有些残忍。

当然，不管是协议分割还是判决分割，对于房产的权属界定问题，一直都是大家最关心的。如果是婚后由夫妻双方共同出资购买的房产，一般来说可以直接平均分割。比较麻烦的是婚前买房和父母出资买房两种情况。

在这里，我们直接针对这两种情况的不同预设前提，总结出了对应的解决方案（见表2-1、表2-2）。

表2-1　婚前买房解决方案

婚前买房		
出资情况	房产证署名	财产归属
一人出资 （自己）	结婚前取得房产证，房屋落在自己名下，并还清贷款或是全款买房的	个人财产
	婚前已还清贷款，但婚后才取得房产证，证上署名为自己	个人财产
	婚前支付首付并贷款，房屋落在自己名下，婚后用夫妻共同财产还贷	个人财产；共同还贷支付的款项及房屋对应的财产增值部分平分；未还清的贷款为个人债务
	房屋落在对方名下	出资方不具备购房条件才以对方名义购房的，为共同财产；若无特殊情况，则视为赠与，为登记方的个人财产
	房屋落在双方名下	共同财产
双方出资	房屋落在双方名下	共同财产
	房屋仅落在一方名下	有证据证明共同出资购房，作为共同财产处理

表2-2　父母出资买房解决方案

父母出资买房			
时间	出资人	房产证署名	财产归属
结婚前	一方父母出资（全额或付首付）	出资方子女（无须需还贷）	个人财产
		出资方子女（夫妻共同还贷）	登记方个人财产，并由其继续支付贷款；婚内共同还贷部分及其产生的增值部分，由得房子的一方对另一方做出补偿
		另一方子女名下	共同财产；父母明确表示赠与登记方的或双方之间有其他约定的除外
		双方子女名下	共同财产；若有约定，则按约定
	双方父母均出资	双方子女名下	共同财产，父母的出资应当视为对各自子女的赠与
		一方子女名下	共同财产，父母的出资应当视为对各自子女的赠与
结婚后	一方父母全额出资	出资方子女名下	个人财产
		对方或双方子女名下	共同财产，除非出资时书面约定此为赠与自己子女一方的
	一方父母部分出资（或付首付款后婚后由夫妻双方共同还贷）	出资方子女名下或双方子女名下	共同财产，明确表示赠与一方的除外
	双方父母均出资	一方子女名下	共同财产，多按各自父母的出资份额按份持有
		双方子女名下	共同财产

离婚了，前伴侣的欠债为什么也要我还？

在房产分割之外，债务分割也开始成为离婚时的一个常见问题。而夫妻共债问题更成了"事故多发区"。

比如有些人在离婚时才知道，配偶在外大肆举债；有些人因为自身赌博、吸毒等坏习惯，不计后果地举债拖累家庭；有些人在离婚前和其他人串通好，虚构债务……这些情况下，夫妻双方离婚后到底该不该共同承担这些债务呢？

2003年，最高人民法院出台《关于适用〈中华人民共和国婚姻法〉若干问题的解释（二）》，明确"债权人就婚姻关系存续期间夫妻一方以个人名义所负债务主张权利的，应当按夫妻共同债务处理"。由于这条规定在实际执行过程中引发了不少社会纠纷，最高人民法院在2018年1月发布了《最高人民法院关于审理涉及夫妻债务纠纷案件适用法律有关问题的解释》。

按照这个解释文件，夫妻一方在婚姻关系存续期间以个人名义超出家庭日常生活需要所负的债务，债权人以属于夫妻共同债务为由主张权利的，人民法院不予支持。

2020年5月28日，十三届全国人大三次会议表决通过了《中华人民共和国民法典》，自2021年1月1日起施行。在《民法典》颁布之后，原来的《婚姻法》将正式废除。而《民法典》的第1064条，则在2018年解释文件的基础上，对夫妻共债的问题给出了更明确的意见。

以后能被认定为夫妻共同债务的，一般包括以下三种情形：

一是夫妻"共债共签"，或者是一方事后追认；

二是夫妻一方婚内以个人名义为家庭日常生活需要所负的债务；

三是夫妻一方婚内以个人名义超出家庭日常生活需要所负的债务，但债权人能够证明该债务用于夫妻共同生活、共同生产经营或者基于夫妻双方共同意思表示。

举个例子，夫妻两人当中如果只有一人背上了超出日常家事（衣食消费、日用品购买、子女教育、老人赡养等）范畴的大额债务，而另一人并不清楚的，原则上不作为共同债务，债权人主张属于共同债务的，需要举证证明债务用于夫妻共同生活、共同生产经营或者基于夫妻双方共同意思表示（比如款项用于购买家庭居住的房屋、用于夫妻共同经营管理的公司等），才能算共同债务，如果举证不能，则不能认定为夫妻共同债务。

如果夫妻两人当中有一人负债金额较小，属日常家事范畴内的债务，尽管没有另一个人的签字，一般也会推定为夫妻共同债务，配偶一方如果主张不属于夫妻共同债务，则需要举证证明举债人所负债务并非用于家庭日常生活。

另外，即便单方借款且超过家庭日常开支，但如果经营获利用于夫妻共同生活的，该债务仍可认定为夫妻共同债务。

这样不仅对夫妻的债务关系有了更明确的界定，也表明想通过假离婚来获得某种利益，或者规避某种风险的做法，基本上已经行不通了。

哪怕你是真离婚，且通过离婚协议的方式对相关债务进行了安排，但只要债权人有充分的证据可以证明，都可以直接起诉夫妻双方，要求双方承担连带责任。

也就是说，夫妻内部约定财产归谁都无所谓。对于债权人来说，只要是夫妻共同债务，债权人就可以要求夫妻任何一方偿还。

所以，只要是夫妻共同债务，不管你离不离婚，该承担的怎么都逃避不了。

不结婚、不生娃，人生真的就不完整了吗？

根据民政部发布的《2018年民政事业发展统计公报》，2018年我国依法办理结婚登记的夫妻有1013.9万对，结婚率为7.3‰，创下2008年以来的新低。

此外，2018年依法办理离婚手续的夫妻共有446.1万对，比上年增长2.0%。

目前中国有超过2亿单身成年人，超过7700万独居成年人。另据第三方公司预测，到2021年，中国成年独居人口将达到9200万。

也就是说，选择不结婚、不生娃，一个人过一辈子的中国人，越来越多了。

这到底是好事还是坏事？不结婚、不生娃，人生真的就不完整了吗？

其实，对于很多年轻人来说，他们根本还没有想那么深远。目前之所以单身，原因就像刘若英那首《一辈子的孤单》里唱的那样："喜欢的人不出现，出现的人不喜欢……想过要将就一点，却发现将就更难。"

所以，也没有什么完整不完整的，顺其自然吧。

对于选择不结婚的中年人来说，背后的原因往往更为复杂，但之所以愿意继续维持这样的状态，基本上都是因为生活和工作等其他方面的压力已经让他们无暇顾及自己的感情生活。

如果非要把上面种种原因做一个归类的话，可以把如今人们不恋爱、不结婚、不生娃的理由总结为以下几种：

第一，大家都比以前更有钱了。

很多人都误以为，现在的年轻人是没钱所以不敢结婚。

但实际上，与其说是年轻人没钱，还不如说是年轻人对生活品质的要求比上一辈的人更高了，所以才总觉得自己穷。

从世界范围看，社会民众的平均收入越高，结婚率就越低。因为高收入提供了不结婚的选择，或者说，高收入为人们提供了比结婚更多也更重要的追求。既然自己一个人也能过得挺丰富的，何必那么着急找一个人来共同抵御经济上的压力呢？

第二，自我意识的觉醒和价值观的多元化。

随着自我意识觉醒，大家不再关注别人对"我"的评价，而是关注自己的内心，关注"我"是谁，"我"想成为什么样的人。

所以，有很多老一辈的人总觉得现在动不动就标榜"不婚、不育"的年轻人，是一群既物质又放纵的"自私鬼"。

但实际上，这些人只不过是遵从自己的价值观，不求与所有人雷同，更重视自我价值的实现罢了。

第三，人们对亲密关系的要求更高，并且认为亲密关系不一定要以结婚为最终目标。

"60后""70后"是相亲式婚姻；"80后"是"心意相投就结婚"；而如今的年轻人对亲密关系的要求更高，同时彼此之间的亲密和依靠也不一定非得靠婚姻来维持。

越来越多的人想要的是伴侣双方互相的认同、灵魂的投契，不再是因孤单而找个人过日子，天天"柴米油盐"。

第四，结婚成本越来越高。

并不是所有人都笃定要单身一辈子，但很多人却发现，真到了谈婚论嫁的时候，才意识到如今结婚的成本过高了。

不说彩礼酒席，光是一套婚房就要掏空全家人的口袋。尽管也不是不能咬咬牙解决这些问题，但在价值观更为多元的当下，越来越多的人开始在内心衡量：我付出如此高的成本，一定会给我带来幸福的回报吗？

所以，恋爱、结婚、生子，不再是圆满人生的必然路径了。当社会越来越成熟、价值观越来越多元以后，主动选择单身过一辈子的人，可能会越来越多。

第三章
了解一点经济发展趋势很必要

什么是通货膨胀？什么是通货紧缩？

什么是通货膨胀？

用通俗的话来说，通货膨胀就是货币供应量大于实际需求量，也就是说市场上货币超发，钱太多了，导致货币贬值，引发了物价的持续上涨。

而如果市场上的货币供应量小于实际的需求量，就会产生通货紧缩，使得大众的货币所得减少、购买力下降。长期的货币紧缩会抑制投资与生产，导致失业率升高及经济衰退。

举个例子：假设某镇有1万人，每个人手中有20元钱，这个镇的总财富就是20万元。同时，镇上有20万件商品，这样的话，每件商品的价格就是1元钱。

某一年，镇长为了刺激疲软的经济，开动印钞机，往市场上投放了40万元，这样市场上总货币量就是60万元，在社会总商品20万件不变的情况下，每件商品的价格从1元变成了3元，相当于一碗2元的牛肉面涨到了一碗6元，这就是通货膨胀的过程。

所以，通货膨胀带来的第一大影响，就是社会购买力下降，大家会感觉自己越来越穷。

通货膨胀的第二大影响是刺激经济增长，带动就业和增加收入。

我们说通货膨胀主要是由于开闸放水导致的，而开闸放水的本意就是为了刺激经济的发展，短期内扩大生产规模，提高工资收入，最终刺激消费，物价跟着上涨。这样循环下来，经济才会有发展的动力。

所以，通货膨胀并不一定是坏事，适度的通货膨胀是社会经济发展的必然条件。

通货膨胀的第三大影响是其本身可看作一种"隐形税"。

巴菲特曾说过：通货膨胀是一种税。

之所以会有这样的效果，是因为通货膨胀会带来收入的增加，也就是说有更多的人要纳税了。如果你是个人所得税的征税群体，工资上涨的速度又赶不上通货膨胀的速度的话，那就意味着你的财富会在通货膨胀的作用下不断贬值。

通货膨胀的第四大影响是会使贫富差距进一步拉大。

每次的开闸放水都不是一蹴而就的，而是循序渐进。而在这个过程中，能第一时间得到资金的都是拥有丰富资源和雄厚实力的富人。他们把资金投入运营再生产，等到资金流到基层的时候，前面的人已经赚得盆满钵满了，处于末端的人往往就得默默承担通货膨胀导致的日常支出变多、家庭积蓄变少、个人收入上涨赶不上物价上涨等后果。无形之中，有钱人的财富增值更快更多，穷人只会越来越穷。

所以说，通货膨胀并不完全是一件好事，只有适度且温和的通货膨胀，才是对社会整体有益的。但通货紧缩，基本上可以肯定是一件坏事。

如果真的出现通货紧缩，你会发现无论央行怎么刺激经济，都没有明显的效果。因为通货紧缩可能造成基准利率触及零点，而实际利率依然过高的状况，即"流动性陷阱"。

另外，如果出现通货紧缩，借贷方的实际偿付负担会加重，而企业和高净值家庭的杠杆率一般比较高，因此通货紧缩肯定会抑制消费需求和投资需求，进而造成宏观经济呈下滑态势。

我们用的钱是以什么为依据印制出来的？

我们时时刻刻都在和钱打交道，比如上班路上买早餐、去菜市场买菜、微信群里抢红包等，那么这些钱到底从何而来？

大家肯定会说：这还不简单，中国人民银行（央行）印出来的啊！那么，央行到底是通过什么方式、以什么为依据印制货币的？

想要回答这个问题，就要知道央行的资产结构。

简单来说，央行是通过发行货币向市场购买资产，使得货币在市场中流通的。

在央行的资产负债表中，总资产（的类型）可以理解为央行发行货币的方式，总负债可以理解为央行发行货币的数量。

表3-1　各国资产类别与占比

	2018 年年末		2007 年 6 月月末	
	资产类别	占比	资产类别	占比
美联储	中长期名义国债 抵押贷款支持证券	51% 40%	中长期名义国债 短期国债	53% 31%
欧央行	欧元证券 对欧元信用机构的欧元借款	62% 16%	黄金和应收黄金 对欧元信用机构的欧元借款	14% 40%

续表

	2018 年年末		2007 年 6 月月末	
	资产类别	占比	资产类别	占比
日本	国债 贷款	85% 8%	国债 贷款	71% 19%
英格兰银行	对资产购买便利的贷款	96%	短期公开市场操作 长期逆回购	39% 19%
韩国银行	国外资产	81%	国外资产	83%
加拿大银行	短期国库券 长期国债	21% 67%	短期国库券 长期国债	39% 60%
中国人民银行	外汇 对其他存款性金融公司的债权	57% 30%	外汇 对其他存款性金融公司的债权	70% 15%

　　2018年年末的数据显示，央行发行货币最主要的方式是购买外汇，占比为57%。其次是对其他存款性金融公司的债权，占比为30%。这两项加起来，占比高达87%，可以说央行发行货币主要靠的就是这两项资产，其中又以外汇为主要途径。

　　外汇发行货币的方式其实很容易理解，就是央行通过发行货币购买外汇。

　　因为在国内只能使用人民币结算，所以企业存在结汇需求，把赚到的外汇换成人民币在国内消费。

　　当企业拿着外汇去银行兑换人民币的时候，央行会按照汇率发行人民币，购买外汇形成外汇储备。反之，如果企业用人民币进行购汇时，央行的外汇就会减少，同时回收人民币。

　　过去中国是出口拉动型经济，因此购汇是央行最主要的货币发行方式，随着贸易顺差收窄，央行发行货币的方式也开始发生变化。

　　2007年，央行对其他存款性金融公司的债权占比还不到15%，到2018年年末已经上升至30%。其他存款性金融公司指的是商业银行、政策性银行等存款性质的银行。我们可以简单理解成对银行的债权，也就是央行通过发行人民币，购买银行的债权。

而购买银行债权的方式有很多，比如再贴现、再贷款、逆回购、MLF[①]、SLF[②]、PSL[③]、TMLF[④]等政策性工具。所有的政策性工具本质上都一样，就是央行对银行的债权，区别只是在用途、期限和利率等方面。

当这些工具到期的时候，央行就会减计银行债权，同时回收人民币。

随着中国出口经济面临转型，对存款性金融公司的债权很可能会逐步取代外汇，成为中国最主要的货币发行方式。

国家可以无限制地印制货币吗？

既然货币由中国人民银行印发，那么国家可以无限制地印制货币吗？看完上一节后，估计很多人脑海里面都会有这样一个疑问。

要回答这个问题，首先我们得了解：货币的本质是什么？

工作为了赚钱，生活需要花钱，无论是谁都无法离开钱，也就是货币。

但是，货币的本质却是债务。

自美国在1971年宣布黄金与美元脱钩之后，货币就进入了信用本位，直白一点说就是债务本位。

在金本位时代，货币绑定黄金发行，有多少黄金就可以发行多少货币。因

---

① MLF：中期借贷便利。
② SLF：常备借贷便利。
③ PSL：抵押补充贷款。
④ TMLF：定向中期借贷便利。

为黄金全球都认可，到任何地方都能换成钱。美国也是利用金本位体系，把美元变成了全球通用货币，承诺只要拿美元就一定可以换到黄金，拿着黄金就可以换成其他货币。

现在所有的货币背书都是债务，凭借政府的信用发行债务货币，债务和货币是一体两面。货币死了，债务也会死；债务死了，货币也会死。

美国因为有早期积累的优势，加上后来的美元挂钩石油，让美元作为全球货币屹立不倒，简单来说就是美国政府的信用背书为大家所认可。

大家相信美国政府一定可以兑现债务，所以才会持有美元。换句话来说，美元也就是债务货币。

在债务货币的体系下，我们可以看到央行的资产负债表是货币对应信用债务，债务膨胀的过程其实也是货币膨胀的过程。

理论上有多少货币就有多少债务，债务和货币相互抵消，就不会发生债务危机。但是事实上，有人积累的是货币，有人积累的是债务，拿到债务的人越积越多，最后还不上了，就会爆发债务危机。

所以我们为什么要将货币的发行速度控制在GDP增速附近，就是为了控制债务增加速度，保证债务膨胀速度不会超过GDP太多，这样就可以形成健康的循环，拿到货币的人会帮拿到债务的人抵销债务。

比如说企业借贷形成债务，钱流入社会中；企业生产创造了GDP，有钱的人拿着钱去消费企业生产的产品；企业拿着钱抵销债务，债务危机就不会形成。

虽然政府可以无止境地印债务货币，保证债务危机不会发生，但是这样的货币不会得到其他国家的认可。

大家都知道钱多了会引发通货膨胀，甚至是恶性通货膨胀，如果你手中的钱会贬值，谁还愿意拿在手里？像南美洲的委内瑞拉，因为国家超发货币，导致物价上涨，通货膨胀严重使传统货币体系面临崩溃，民众的生活也穷困潦倒。

国家印发的货币是怎样到我手中的？

了解了关于货币的几个核心问题后，你可能会疑惑：我知道国家是怎样印制货币的了，但国家印制出的货币，究竟是怎么到我手中的呢？

这个问题就涉及货币流通了。

每当经济下行的时候，我们总会听到这样一些观点：国家准备印钱拯救经济了，央行要放水救市了，等等。但实际上，我们每个月到手的工资还是没变。

原因很简单，国家印制出来的货币，需要通过一定的程序和方式进入市场，而不是直接体现在个人层面的。

首先，国家印制货币是通过央行下属的货币铸造机构进行的。也就是说，央行负责印钱，然后再流通到我们手上。

前面提到过，在中国，央行印发货币的方式主要有两种，分别是外汇发钞和信用发钞。

前者是我们拿从海外赚回来的美元找央行兑换成人民币在国内花，为此央行需要按照对应的汇率还印的钱；后者则通过一系列货币工具来实现，比如逆回购就是央行印出来一些钱，然后把这些钱借给银行去花，而银行需要用债券作为抵押物。

逆回购是很好的短期货币调整工具，央行只要多做一点逆回购，或者降低一点逆回购利率，就能让市场上的钱多一点，反之市场上的钱就会少一点。

除此之外，央行也会使用一些政策性工具，比如说抵押补充贷款（PSL）。

PSL是怎样运作的呢？比如有一个大型基建项目，需要大量的货币支持，但是政府钱不够怎么办？

这时候，国家开发银行（以下简称国开行）会出来，将自己手上的中长期贷款或国开债抵押给央行，央行根据抵押品的信用程度，设定一个折价率向国开行投放基础货币，即PSL贷款。国开行在以一个低于市场的利率获得这笔贷款以后，就把这笔钱交给政府，推动项目进行。

在项目进行的过程中，需要购买原材料，需要招聘工人，等等。那么，这些钱就会在工程的建设过程中，通过一些企业、工资、消费等方式，层层流转最终来到我们的手上。

一般来说，货币刚刚印制出来的时候，还没有贬值这一说法，而最先拿到钱的机构和个体也感受不到贬值，但等钱最终完成流通之后，也就是到我们手上时钱已经贬值了。因为钱在流通过程中，本身会产生乘数效应，所以如果你只是把钱囤在手上而什么都不干，那么你的钱就会越来越不值钱。

根据央行提供的数据，2008年我国的广义货币总量是47.517万亿元，而截至2020年2月，这个数字变成了203.08万亿元。

如果你对这个增幅没啥感觉，不妨回想一下父母在青壮年时期工作的时候每个月赚多少钱，花多少钱；而现在你我每个月能赚多少钱，又要花多少钱。或者回想一下十几年前吃顿早餐大概要花多少钱，到现在大概又得花多少钱。

简单来说，如果你的收入增长速度没有能跟上通货膨胀的速度，那么你现在的生活品质一定会是逐年下降的。所以，我们才需要这么努力地学习理财投资，因为只有这样，才能让自己手上的钱跑赢通货膨胀。

M0、M1、M2 都是什么意思？对我们有什么影响？

我们在看财经新闻的时候，经常会看到类似这样的表述：

央视新闻报道，2019年8月9日，央行公布2019年第二季度的货币政策执行报告，其中提到：6月末，M2同比增长8.5%，社会融资规模存量同比增长10.9%，与名义GDP增速基本匹配。

这里面提到了一个我们常见的金融术语：M2。除了M2，还有M0、M1和M3。这些术语分别是什么意思？对我们又有什么具体影响？

在中国，货币供应量按流动性层次划分为4层，分别是：

M0=流通中的现金；M1=M0+企业活期存款；M2=M1+准货币（即定期存款+居民储蓄存款+其他存款）；M3=M2+其他短期流动资产（国库券、金融债券、商业票据等）。

由于M3是根据金融工具的不断创新而设置的，因此使用频率较低，央行一般很少公布M3数据。

这几个名词分别该怎么理解？

假设我今天拿到了10000元现钞，就可以理解为10000元M0货币。这时候M2=M1=M0=10000。

但如果我把这笔钱存进银行，银行按照要求保留了10%，即1000元的准备金后，把余下的9000元贷款给了老王。

这时市场上能流通的现钱只有9000元，即M0=9000，但是银行可以创造出额外的9000元，而我还可以随时取10000元，于是M1 = M2 = 19000。

老王拿着银行借来的钱，去老吴那儿买了一台二手相机，花掉了9000元。

老吴又把这9000元存进了银行，银行有了这9000元的存款，留下了900元的准备金，剩下的8100元又贷款给了老孙。

这样，M0=9000-900，只剩下8100元了，但是M2和M1却由此前的19000元增加了8100元，到27100元。

接下来，老孙把8100元用作了买车的一部分首付，而相对这部分的按揭为30000元。老孙又把车子的登记证书抵押给银行，换得了20000元的信用额度。这下子从理论上讲外面流通的M2和M1货币就在27100元的基础上又增加了20000元，高达47100元了。

这个过程就是所谓的"货币乘数"。央行之所以能通过调整存款准备金的方式来控制市场上的货币总量，依据的就是这个逻辑。

目前，央行每月公布的金融数据主要包括货币M0、狭义货币M1和广义货币M2，其中M2数据被用于衡量货币供应量的多少。

在经济学中，货币超发容易导致通货膨胀上行，甚至是爆发恶性通货膨胀。

简单地说，就是货币供应量脱离了实际经济体量，其中M2可以看作是这里面提到的货币供应量。

举个例子，M2是1元，GDP是1元，每1元GDP容纳的货币就是1元。当M2超发到3元，GDP还是1元时，每1元GDP就要容纳3元货币。即"钱变得不值钱"了，因此M2增速需要与名义GDP增速相匹配，这样通货膨胀压力才不会太大。

不管是什么样的货币，最终的作用都是用于消费和投资。

由于M2代表的是总的货币供应量，因此M2反映的是现实和潜在购买力，可以看作是所有可以用于消费的货币。

M1与M2相比流动性更强，主要都是现金和企业用于发展的活期存款，因此M1反映的是现实购买力。

如果M1增速比M2快，说明消费和终端市场很活跃，即用来消费流通的钱比长期存放到银行的钱多。

但是，如果M1比M2高太多，将出现需求强劲、投资跟不上的情况，容易导致通货膨胀上行。

如果M1增速比M2慢，说明投资和中间市场很活跃，即用于发展长期目标的钱比用于消费的钱多。

而M1比M2低太多，将出现需求疲软、投资过热的情况，容易推高资产泡沫。

综合来看，流动性最强的是M0，现金是随时可以用于消费的；接下来是M1，除了现金还包括了企业发展的流动资金；最后是M2，还包含了很多定期存款，是为了长期发展所做的准备。

这些，你都明白了吗？

为什么上市公司听起来比一般公司要厉害一些？

很多毕业生在找工作的时候，会把公司分成三六九等，什么公司比较好，什么公司比较差，什么公司去不得，等等。

那为什么大家会认为某些公司比较好呢？尤其是上市公司，为啥给人的印象总是要比一般公司强很多呢？

在大部分人眼中，上市公司都要比一般公司厉害一些，能在上市公司工作的人也更优秀。

上市公司比一般公司要厉害这并不是错觉，在某种意义上这是客观事实。

企业都有融资需求，为了贷款扩张壮大自己。但是贷款需要还本付息，借多了还会影响正常经营。唯一不需要还本付息的融资渠道是直接融资，也就是上市发行股票，大部分企业都想通过上市进行融资。

在中国，对企业上市设定了较高的门槛。也就是说，上市企业都是经过多次筛选的企业。

要想成功上市，企业要有完整的企业运营制度，企业营收要达到一定的规模，连续几年都处于赢利状态。而能够做到这几点的企业，产品的市场份额也一定很大。

简单来说，上市公司本身就相对稳定，具有一定的知名度。

通常，一般公司的存活压力大，融资成本高，存活周期短，制度杂乱，产品市场份额低。

一般公司如果不赢利，可能一两年就倒闭了；上市公司如果不赢利，通过股票融资就能继续撑下去。

所以在抗风险能力和持续经营能力方面，上市公司也比一般公司厉害。

再说了，中国的一般企业千千万，走到城市的 CBD 一抓一大把，哪家倒闭了都不一定有人知道。但上市企业只有几千家，产业大、市场占有率高，而且有大批股民关心，哪家上市企业出了问题，一大堆媒体在报道。也就是说，在知名度方面，上市公司比一般公司天然占有优势。

当然了，一般公司中也有顶尖企业，甚至可能达到上市公司都无法企及的成就，强大到不需要借钱扩张壮大自己，其中最典型的例子就是华为。

上市既然有这么多好处，为何华为坚持不上市？

在广大人民心中，除了楼市，股市也是一个永无止境的话题。

比如说今天哪位股东套现跑路了，明天哪家公司造假致使股价暴跌。在媒体的渲染下，很多不明就里的理财小白会觉得，企业上市的目的只有一个：圈钱。

那么，事实到底是不是这样？要想回答这个问题，我们首先得了解一下上市到底意味着什么。

上市，即首次公开募股（Initial Public Offering，IPO），指的是企业通过证券交易所首次公开向投资者增发股票，以期募集用于企业发展资金的过程。简单来说，上市就是企业出让所有权来获得资金的行为，也就是经济学上统称的直接融资行为。

在上市过程中，企业是怎么募集资金的呢？

企业申请上市，经过审查、辅导等环节，经证监会上市审批通过后，由投资者开始认购企业股票。

申购成功的投资者持有企业发行的新股，而认购资金也统统到了企业设立在交易所的融资账户上。说白了，企业通过上市获得资金，并将资金用于企业自身的发展。

我们必须清楚一点，上市后企业日常经营管理的决定权还是在企业管理者手上，而不是在股东，也不是在股民，更不是在普通企业员工手里。

企业上市成功后，投资人投资该企业的股票的存股协议正式生效，企业发行的股票也正式在公开二级市场交易。

在上市成功后的某一个时间点（也可能是即时），投行会根据律所的规定，将此前路演或者说是招股募集阶段已锁定的资金交割给企业。

一旦资金交割完成，无论股价怎么变动，企业都不会与股市资金直接发生往来。当然也有特例，比如说定向增发等二次融资行为。

企业上市后，股民在二级市场买卖股票，钱都是流向卖出股票的股民或者减持的股东手里。而我们所说的圈钱，更多指的是股东的个人行为。比如说挪用企业资金，或者减持自己持有的股票以套现等。

上市的核心是获得资金，一个企业如果缺少资金，那它就很有可能选择上市。反之，如果企业不缺资金，那它就不一定会上市。

上一节我们说过，不上市的公司也很多，比如华为。

为什么不上市？各方面原因很多，但核心就是华为不缺钱。而且在华为看来，上市付出的代价并不小，比如说失去隐秘性、管理人员变动的灵活性受限、失去对企业的控制权等。

虽然华为采取的是虚拟股权，但是只要上市，就会存在股权之争的风险。一个企业越优秀，完成资本化后就越容易被炒家盯上，员工就越容易在投机赚快钱的诱惑下，失去此前艰苦创业时期的狼性。

中国历史上有很多优秀企业死在了股权之争，比如健力宝、国美等。

在2014年前后，任正非曾对媒体记者说过："资本市场都是贪婪的，从某种程度上来说，不上市成就了华为的成功。"

公司一直亏钱，就说明这家公司没前途吗？

很多人认为在亏钱的公司工作一定没有前途，不但随时面临裁员风险，而且没有加班费、补贴、年终奖等。

从员工的角度来看，如果公司赚不到钱，那拿什么给大家发工资呢？公司能靠什么活下去呢？

看起来，要想在一家有前途的公司工作，还是得去那种特别赚钱的公司，比如2018年实现净利润802.34亿人民币的阿里巴巴，以及在2018年实现净利润101亿美元的亚马逊。这两家公司不仅业务赚钱、模式看好，老板也都是首富，员工的收入在行业里也相当不错。

但很多人却不知道，阿里巴巴和亚马逊都曾长期处于亏损的状态，他们的很多业务和探索，也一度被外人视为"没有前途"。

阿里巴巴的整体赢利，是从2012年才开始的，在此之前马云也"穷"过很多年，靠着前后总计8轮的融资才一步步把业务做成了现在的样子。

亚马逊成立得比阿里巴巴还要早，赢利点来得比阿里巴巴更加晚。这家诞生于1995年的公司，直到2015年才实现第一次季度赢利。

为啥投资人愿意把钱投给阿里巴巴和亚马逊？因为他们认定这两家公司的业务模式有更为长远的商业价值，所以即便在短期内看不到明确的"钱途"，他们也愿意掏出自己的真金白银来支持公司的发展。

这两家公司现在的业绩和股价，不仅确实证明了这两家公司的实力，也让投资人早些年的投入获得了几十倍甚至上百倍的回报。

那么你可能会问，是不是所有像阿里巴巴、亚马逊这样的前期虽然在亏钱，但可以一直拿到融资的企业，最终都能拥有不错的前途呢？

答案是不一定。企业创业是个"九死一生"的过程，不是所有企业都能拿到融资的。能"亏"出个未来的企业是少数，更多的企业是"亏"到倒闭为止。

还是以阿里巴巴为例，在公司赚钱了以后，阿里巴巴自己也做了很多业务的投资和布局，里面失败的案例非常多，有代表性的就超过了100家，包括雅虎中国、天天动听、淘点点、来往等。

这些投资失败的原因五花八门，有的是因为内部经营的不善，有的是因为市场竞争的激烈，有的是因为行业规则的改变，但只要是投资，就会有失败，这是企业经营过程中必然要面对的一种风险。

还有一些企业的做法就更为过分，他们通过包装概念，不断"画饼"吸引投资人投资，结果却是一个个"弥天大谎"，不仅"坑"了投资人，也"坑"

了企业的员工和客户。

比如估值高达90亿美元的血液检测公司Theranos，通过伪造数据夸大业绩，最终在遭到举报后半年就正式宣告倒闭。还比如拖欠员工工资无数的乐视网，已经倒闭的"95后"创业女孩的神奇百货，这两年一直被负面新闻纠缠的蔚来汽车等。

看得出来，企业有没有前途，并不能直接和企业到底赚不赚钱联系在一起，归根结底还得看企业的经营思路和战略布局。企业能赚钱当然好，不仅企业有前途，员工也能"有钱途"；企业如果不赚钱，那就得看企业的业务逻辑和运转思路到底对不对了。

如果你运气好，遇到了下一个马云，加入了下一家阿里巴巴，那么虽然可能短期没有"钱途"，但长期看反而是很有前途的。

同样都是开公司，为什么有的公司总是借不到钱？

如果你留意过政府报告，会发现里面经常提到一句话：着力缓解企业融资难、融资贵的问题。

融资难，说明有的公司经常缺钱且从银行借不到钱；融资贵，说明银行贷款的利息很高，或者公司只能以更高的成本找银行之外的其他金融机构借钱。

同样都是开公司，为什么有的公司总是借不到钱，或者很难借钱呢？

借钱在企业经营中属于常见行为，如借钱买设备扩大生产，货款没到账借钱周转，经营不善借钱过渡，等等。

既然是借的，就存在违约的可能，也就是还不上钱。

对于出借方来说，是否借出钱需要考虑很多因素，比如说对方还不还得起，借钱方的信誉如何，如果不还了怎么办，等等。

就像我们借钱给别人，都会考虑很多东西，毕竟钱借出去了，对方是否会还不是自己能左右的。

作为企业贷款最大来源的银行，有一套完整的贷款流程用于最大程度降低违约的风险。贷款流程要考察企业的经营状态、过往贷款偿还情况、企业偿还贷款的能力等。

而企业中的中小企业融资尤其难，这是因为中小企业在经营中普遍存在一些问题。

首先，多数中小企业财务制度不健全，资金周转效率低，财务管理存在缺陷，没有很严格地要求贷款资金该如何运作。

其次，中小企业规模较小，营收不稳定，利润空间小，资本积累较少，容易受到市场和经济大环境的冲击而导致经营不善。

再者，大部分中小企业都是现金流较差的企业，回款和销售周期相对较长，更容易出现资金链断裂的情况。

最后，部分中小企业的负债率较高，自身违约的概率也相对较高。

总的来说，中小企业贷款难是因为其还款能力差，违约风险高。不过，随着国家大力扶持中小企业融资，只要好好经营，中小企业以后从银行等渠道借钱的难度也会越来越低。

但有些企业资金链断裂，明显没有还款能力，为什么银行还是愿意借钱给这些企业？

简单地说，银行只需要问一句话：凭什么相信你能还款？

有些企业在短时间内经营陷入困难，但因为信用背书等级高，或是有足够的资产可以变现。银行在综合评估之后，认为就算该企业违约了，甚至是企业清算了，贷款的最终损失也很小，就会选择发放贷款。

经济寒冬，企业和个人该如何应对？

如果大的经济环境不好，很多企业就会通过各种方式缩减开支，应对可能出现的经济寒冬。

从企业经营者的角度来看，最快缩减开支的方式有两个：全体降薪、优化人员结构。

在现实社会中，做出这两种决策的企业肯定都有，但是大部分企业不会选择降薪。大量的实证研究发现，在经济下行时，大部分员工的工资水平没有变化。

那么企业为什么不选择集体降薪号召员工与企业一起共渡难关呢？

因为如果企业选择降薪，将导致部分员工离职，而最有可能因降薪离职的，恰恰是那些工作能力最强的员工，这显然是公司不愿意看到的结果。

同时，降薪还可能会提高人员流动的频率，企业将不得不付出更多的成本用于招聘和培训新员工；即使支付同样的薪酬，新员工所带来的效益往往要低于老员工。

那对于我们这些在职场打拼的社会人来说，如何保证自己不会被优化掉，反而还能升职加薪呢？

答案就是增强自己的不可替代性。

举个例子，假如《西游记》中去西天取经的经费有限，要减员增效，该去掉谁呢？

唐僧是团队的灵魂人物，只有他能传经布道，少了唐僧肯定不行；悟空本领高强，是团队斩妖除魔的利器，显然也是绝对不能少；取经之路路途遥远，无聊至极，八戒能给大家带来欢乐；沙僧是个老实人，平时极听师父的话；白马是必备座驾，少了它谁来驮行李呢？

若五人中必须裁掉一个，你会裁谁呢？想必大家的答案是一致的，就是沙僧。

大家肯定都看过《西游记》，仔细回想下，我们是不是对沙僧的印象是最模糊的。

那是因为沙僧的可替代性太强了，他的工作，如果让八戒或者悟空来做，完全没问题。但是其他人的工作，他是无法完成的。

所以，在职场上成为沙僧这样任劳任怨的老好人是没用的，别人对你不会留下什么印象。相反，如果公司遇到困难，要考虑削减经费的时候，沙僧往往是第一个被踢掉的。

因此，要想在激烈的职场环境中生存下去，关键是掌握一门对公司十分重要的技能。并且，这项技能最好是公司内绝大多数人都没有，或者都不如你做得好，这样就可以增强自己的不可替代性。

只有当你拥有核心价值的时候，才能笑傲职场。

第四章
经济全球化与我何干?

为什么美元可以成为全球通用货币？

我们偶尔能看到"某国提前从另一国运回黄金"这样的新闻，估计很多人看完之后一头雾水：黄金这么贵重的东西，为什么都要储存在国外？

目前，有部分国家将本国黄金储存在美国，美国也是全球第一大黄金储备国。至于为什么会形成这样的局面，得从二战讲起。

由于美国独特的地理优势和强大的军事实力，二战期间美国通过向其他国家出售物资和武器发了战争财——直到日本袭击珍珠港之前，美日之间都有大量的军备物资交易。

由于当时没有公认的国际货币，所以普遍采用黄金进行交易，大量黄金因此流入美国。

二战结束后，美国拥有的黄金储备曾占世界黄金储备总量的三分之二。

1944年，国际社会在美国召开会议，目的是重建战后国际货币体系，也就是后来的"布雷顿森林体系"。

这次会议确定了以美元和黄金为基础的金融汇兑本位制，以美元作为国际储备货币，美元直接和黄金挂钩，其他国家货币又和美元挂钩。也就是说，自会议结束后，全球各国只要拿着美元就可以兑换到固定比例的黄金。美元摇身一变，成了黄金的等价物，"黄金美元"一说也由此而来。

在布雷顿森林体系中，美元成为中心的主要原因有两个：

1.美国是二战的最后赢家，不仅军事上打了胜仗，在经济和政治上也独占鳌头；

2.美国拥有全球最多的黄金储备，也就保证了美国有足够的黄金作为美元的信用背书，这是其他国家货币所做不到的。

只要保证美元可以兑换到黄金，那手持黄金和手持美元并没有多大区别。毕竟纸钞比实物黄金交易起来方便，纽约也由此变成了全球黄金的交易中心，大量黄金在美国兑换成美元。

由于大宗黄金的运输和储备都不方便，所以部分国家选择直接把黄金储存在美国。

所以，在布雷顿森林体系建立之后，美元便坐上了国际货币霸主地位，美元也由此变成了全球通用货币。

对于参与全球经贸体系的国家来说，用美元进行结算交易是比较公允的办法，尤其是对那些经济实力相对较弱的国家来说，使用美元中转结算可以有效减轻自己的贸易风险，对其国内商贸也起到了一定的保护作用。

对于美国来说，这相当于把全球铸币权握在自己手上。

所以，也有经济学家指出，美国通过不断发行美元，不动用黄金就能对外进行支付和通胀输出，进而对外扩张和掠夺、收割全球资产。

在越南战争时，深陷泥潭的美国就曾经超发美元购买战争物资，最终引发美元信用危机。其他国家纷纷抛售自己手中的美元，使得美国的黄金储备急剧减少，致使大量超发的美元并没有足够的黄金可以兑付。

1971年，尼克松政府只能废除用美元兑换黄金的义务，美元不再和黄金直接挂钩，"黄金美元"名存实亡。

只不过，虽然布雷顿森林体系崩溃了，但美元成为国际货币的事实已经客观存在。所以，一直到今天，美国依然可以通过量化宽松的货币政策，对外输出通胀来收割全球资产。

为什么要大力发展先进制造业？

近年，我国在强调，制造业的提升不仅要推动制造业高质量发展，还要推进先进制造业与现代服务业深度融合。

那么，什么是先进制造业？为什么它会如此重要？例如，生产衬衫的纺织业，是比较基础的甚至可以说是比较落后的制造业；而生产飞机的空客和波音公司，就属于先进制造业。

为何要大力发展先进制造业？因为如果一个国家拥有足够的先进制造业的实力，就可以在国际贸易的过程中获取大量"剪刀差"。

剪刀差通常是指工农业产品交换时，工业品价格高于价值，农产品价格低于价值所出现的差额。这种差额用图表表示的话，会呈现出剪刀张开的形态，因此被叫作剪刀差。在国际贸易中，发达国家利用剪刀差压低初级原料价格，提高工业制成品价格，进行工农业产品价值的不等价交换。见图4-1。

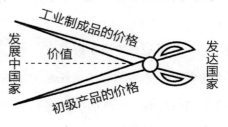

图4-1 剪刀差

经济全球化以后，剪刀差是发达国家在国际贸易中的重要交换手段之一。通过剪刀差，发达国家一方面可以压低发展中国家生产的初级产品的世界市场价格，另一方面又可以提高发达国家生产的工业制成品的世界市场价格。

这不仅能让发达国家继续保持自己的经济优势，还能显著降低自己国民的日常生活成本。

试想一下，如果发达国家没有从发展中国家进口各种价格低廉的纺织品、日用品、家用电器等产品，发达国家民众的日常生活开销会比现在高得多。

发达国家不仅通过低价从发展中国家购买生活用品，还通过向发展中国家出口飞机、芯片这样的高端技术产品，把发展中国家人民辛辛苦苦赚的钱又拿回去。

所以，当一个国家的经济发展到一定体量以后，都必然要对自己的制造业进行转型和提升，中国不希望永远只出口衬衣和皮鞋，也希望能出口飞机、芯片这样的高端产品。

但这样的努力也势必会受到既得利益者们的阻挠，所以近年发生的种种中外贸易上的龃龉，本质上是发达国家必须打压中国发展先进制造业的决心，以继续维持国际贸易过程中的剪刀差。

为什么我们没必要什么产品都自己做？

如果你是一个电子产品爱好者，就一定会注意到，不管是美国的苹果、日本的索尼、韩国的三星，还是中国的华为，他们在发布一款新产品的时候，总会罗列自己遍布全球的供应链。

比如苹果公司会告诉你，最新款苹果手机的显示屏来自三星，摄像头来自索尼，通讯模块来自英特尔，储存芯片来自韩国海力士……其中完全由苹果公司自己生产制造的零部件，只有包括处理器在内的少数核心部件而已。

为什么这些大公司没有把所有零部件的生产和研发都掌握在自己手上？关键时刻难道不会被其他供应商掣肘么？

要想回答这个问题，我们可以从另一个经典问题的讨论中，找到一些思路。

2015年前后，经济学界曾讨论过这个问题：为什么中国造不出圆珠笔芯？乍一看，泱泱大国连一个这么微不足道的零件都不能做到自主生产，被来自日本的企业垄断，是一件非常丢人的事情。

如今我们终于有了自主生产圆珠笔芯的能力了，大家又开始反思：当初一味追求这种零部件的自主生产，是否真的有必要？

为什么会有这种落差呢？因为人们发现，自己花了几年时间、投入无数人力、物力、财力弥补的圆珠笔芯自主生产的空档，实际上是个没有很大争取必要的夕阳行业。

现在每天拿圆珠笔写字的人屈指可数，讨论笔的核心部件制造是不是能完全自主，不如用这个精力和决心攻克其他更为重要的产业难题。

在任何产业领域投入资源进行攻关无可厚非，但应该按照产业需要的轻重缓急，集中资源按优先次序进行攻关，这是新兴国家在经济、人力、物力、资源配置领域的一个基本原则。如果要求某项产业短期内完全摆脱对国外的产业依赖，那该项产业肯定需要政府和市场的扶持和鼓励；而短期内靠自主研发还不一定跟得上的产业，大大方方使用其他国家的成熟产品，也不是什么坏事。

比如华为在一度陷入产自欧美的零部件供应困难的情况下，任正非还是大大方方地说：经济一定要走向全球化，在工业革命时代，一个国家可以独立生产一个缝纫机、一辆自行车、一辆汽车或者一艘轮船，是可能成功的。但是，一个国家独立建立一个信息社会是不可能的，必须由很多国家建立共同的标准，共同奋斗才能建立起一个信息社会。

可见，在经济全球化发展的大环境下，全球产业链之间的合作正变得越来越频繁，尤其是在互联网科技领域，只靠一家一国的埋头苦干，确实很难解决所有的问题。

所以，与其所有东西都想关起门来自己做，不如放开产业合作的步伐，集中全球的智慧和力量一起进步、共同发展。

经济全球化了，我们的工资为什么没有全球化？

"经济全球化"最早提出于20世纪80年代，可以理解为通过对外贸易、资本流动等方式将全球变成一个有机经济整体的过程，也就是要打造超越国界的经济模式。

全球趋同是全球化最大的特点，但这两个概念并不能画等号。

虽然超越了国界，但是国家形态并没有消失，因此经济全球化也仅限于跨国商品、服务贸易及资本流动规模和形式的增加。也就是说在中国可以生产其他国家的商品零部件，但不能说明中国自己可以独立生产这种产品。

以苹果手机为例，我们都知道中国有许多苹果手机的代工厂。生产在中国，核心技术却在美国。

中国也有品牌能提供同类的技术产品，比如华为海思的处理器、京东方制造的屏幕等。但大多数中国手机生产厂商，如小米、OPPO、vivo等一线手机厂商，这些品牌手机里面很多硬件都不是中国的技术产品，比如处理器来自美国高通，屏幕来自韩国三星。

虽然经济全球化，但是核心科技并没有全球化，而对核心科技的掌握和运用，可以说体现了国家间的经济差距。也就是说，在经济全球化的运转过程中，世界各国慢慢形成了一套全球分工体系。

就像前面那个问题里分析的那样，既然可以通过其他国家买到相关的技术产品，如果没有特别的需求或前提，为什么还要花大量时间和金钱进行自主研发呢？

在这个全球经济体共同完成一件商品的过程中，利润也会进行不平等的分配，提供核心技术者能分到最多的利润，提供基础生产者分到最少的利润。这很好理解，谁都能完成的事，价值自然最低，大部分人都无法完成的事，价值也就最高。

还是以苹果手机为例，虽然苹果手机的利润高，部分生产与组装也在中国进行，但是大部分利润都在苹果公司手上，属于中国代工厂的利润较少。

"Made in China"和"Made by China"可谓是天差地别，前者指在哪里生产，后者指版权的归属。

这就是为什么经济全球化了，我们的工资却没有全球化。毕竟我们目前只是处于全球化分工体系的中下游的位置。这也是如今我国要集中精力推动"制造强国"战略的主要原因。

这些欧洲小国，为什么比美国还要有钱？

说到财大气粗，许多人心里第一反应就是美国。毕竟在大多数人印象中，美国经济盘踞在全球第一的位置上好多年了。

如果只看GDP的排名，世界上最有钱的国家确实是美国。但如果按照人均GDP来算，美国只能排进前五名。排行榜上最靠前的几个位置常年被欧洲小国占据。

根据国际货币基金组织IMF发布的世界经济数据显示，2018年，世界各国人均GDP最高的国家是卢森堡，第二名是瑞士，第三名是挪威，第五名才轮到美国。

事实上，世界人均GDP的前三甲常年是欧洲各国，在实行高福利制度的情况下，是什么在支撑它们的经济数据？

原因包含以下三个方面。

首先，欧洲小国大多地广人稀，它们的人口密度较小，虽然纬度较高，气候寒冷，但都是有条件搞"小而美"产业的国家。这些国家的经济结构也很像，除了金融服务，更专注于高附加值的制造业。比如瑞士，其化工、制药、食品、医疗器械、精密仪器和军事工业均处于全球领先位置，许多中小企业更是占据着同行业塔尖的位置。

其次，这些国家很少参与战争，大多闷声发大财。因此，在欧洲小国里，不乏嘉士伯、宜家这样的长寿企业。这些企业在各自领域里拥有强大的品牌优势，从而产生和积累了巨大的价值和财富。

最后，这些国家都不是资源丰富的国家，因此，他们在早期谋发展出路的时候就明白，不能做低附加值的生意，因为再怎么做也比不过后期发力的综合性大国。因此，他们共同的优势就是技术，在贸易行不通的情况下，一门心思发展技术含量高的制造业。曾经的海上霸主荷兰垄断了光刻机这样的黑科技，并通过科技领域持续性的投入，成为西欧的"新硅谷"。

在全球化的局面下，一个经济体的竞争力，取决于为他国或他人提供的服务质量和服务档次，而产品正是服务的重要载体。因此，在经济危机中，这些欧洲小国无可替代的高端制造业有着更强的抗击打能力，自然也就能笑到最后。

经济全球化到底是好事还是坏事？

前面几节谈了经济全球化对我们中国的产业、居民收入、科技发展等各方面的影响。看起来经济全球化似乎也不全是一帆风顺的好事，那为什么中国还要这么积极地成为经济全球化的组成部分呢？

答案很简单，经济全球化虽然存在着一些弊端，但总体来看，对中国是利大于弊的。

目前，经济全球化可以分为五个具体领域的全球化：金融市场全球化、原材料市场全球化、劳工市场全球化、商品市场全球化和经济协调沟通全球化。

从金融市场的全球化来看，虽然发达国家及其金融机构在金融市场全球化进程中一直居于主导地位，是金融全球化的规则制定者，同时也是主要获益者。但伴随着中国经济的快速发展，中国的金融机构已经成功抓住了经济全球化浪潮中的机遇，在世界金融格局中扮演着越来越重要的角色。

目前，我们国内的金融市场对外开放的程度越来越高、离岸金融市场的发展也形成了相当的规模。人民币的国际化及资本账户加快开放，推动了全球金融市场和中国市场的大融合，优化了金融资产的全球配置，而金融机构的全球化，更是让世界瞩目。

作为典型的发展中国家，中国在融入全球化的初期时，一度只能作为原材料市场和廉价劳动力提供者，接受着发达国家剪刀差的剥削。

但伴随着对外开放的持续深入，中国从一个简单的原材料输出者变成了原材料的"中转站"，如今又开始努力转变为原材料深加工及处理的引领者。中间虽然交了不少学费，历经了不少挫折，但这也是全球化过程中不得不付出的代价。

至于劳工和商品市场的全球化，我们普通人就更深有体会了。

由于难以匹敌的人口红利和制度红利，中国此前一直是全球知名的中低端代工集中地，"世界工厂"的名号也由此而来。坦诚地说，此前相当长的时间里，中国制造的产品之所以能风靡全球，主要还是靠相对较低的劳动力成本所带来的在中低端制造业中的碾压性价格优势。

如今，伴随着国内产业的升级换代，"中国制造"也开始慢慢转变为"中国智造"。如果说，此前在全球化产业发展中，中国最大的优势是有大量熟练、年轻、易于管理的产业工人的话，如今中国最大的优势就变成了有大量受过高等教育、具备相当研究能力、活跃在各个产业领域的工程师。

当简单的人口红利在全球化的推动下慢慢转变成"工程师红利"，这不仅体现出中国在全球经贸市场中地位的不断提升，也直接体现出中国在全球化的过程中，正在不断提升自己在全球劳动力市场和全球商品市场中的地位。

最后值得一提的是经济协调沟通的全球化。在刚刚融入全球化的初期阶段，中国主要还是一个全球化规则的学习者和适应者，而如今，伴随着中国经济实力的不断增强，以及"逆全球化"浪潮在其他国家的蔓延，中国反而开始承担起继续推动经济全球化协调沟通的"旗手"角色。

所以，中国也开始由全球化的受益者的角色，开始慢慢向全球化的贡献者、推动者的角色进行转变。

为什么有的国家会反对全球化？

前面说了全球化的各种好处，那么你肯定会问，既然全球化是大家都能受益的好事，为何现在有的国家开始反对全球化了呢？

自从美国进入"特朗普时代"后，为了"让美国再次伟大"，竭力推行"美国优先"理念，美国先后退出了17个国际协定和条约。除此之外，特朗普还打破了二战之后美国遵循的全球化传统。一股严厉的贸易保护主义、新孤立主义氛围弥漫在美国上空。

一时之间，美国成为"反全球化""逆全球化""去全球化"的重要推手。反倒是我们中国，扛起了经济全球化的大旗。

特朗普为什么会这么做？当然是因为美国国内有这样的呼声。美国人为何想从全球化中"撤退"？理由有三个：

第一，虽然美国一直都是全球化进程的推进者，更是全球化的受益者，但进入21世纪后，美国并没有获得"一统天下"的绝对优势地位。

相反，美国面对的是一大批新兴国家的群体性崛起，美国之外的多力量中心陆续出现，世界出现了多种政治经济模式，改变了长期由欧美主导世界的地缘政治格局。

第二，21世纪的前10年，美国先后遭遇了2001年的"9·11"事件和2008年的金融危机，这让美国深感震惊和茫然，对于全球化的反思和检讨也开始逐渐成为主流。

第三，美国多数民众没有感受到自己从全球化中获得的好处。全球化浪潮使美国的中产阶级走入困境，财产向海外劳动力更廉价的国家和地区转移。

以底特律为代表的传统工业城市不断申请破产，社会财富转移到华尔街金融资本的手中。在特朗普获胜的中西部地区，美国民众反全球化的心态尤为突出。

总之，与其说美国是反全球化，还不如说是反对一个美国不再占据绝对优势的全球化局面。

但在一个合理、共赢的全球化经济生态中，又很难让一国、一地长期占据整个生态链的顶端。

虽然更理性的办法应当是一起坐下来商讨怎样更好地解决问题，但在嘈杂的政治生态和沸腾的民意面前，特朗普还是选择了最粗暴的回应方式：我不玩了！退出！

至于全球化的未来到底会怎样，接下来就得边走边看，尽力争取了。毕竟全球经济在实质上已经广泛地联系在了一起，没有一个国家真的有勇气搞闭关锁国的政策了。

当人口红利过去以后，中国会不会陷入中等收入陷阱？

近年来学者对中国经济思考最多的一个问题，就是中国能不能跨过中等收入陷阱，进入发达国家行列。

所谓中等收入陷阱，是指二战后许多发展中国家在经济起飞到达中等收入后，因为缺乏增长动力又没有改革进步的魄力，最终导致社会经济趋于停滞的一种状态。

南美洲的一些国家，例如巴西、阿根廷、墨西哥等就是具体的例子。它们的经济从20世纪50年代开始起飞，在20世纪70年代中期达到中等收入水平，但一直到21世纪，人均收入基本上还在中等水平徘徊。

也就是说，当一个国家发展到中等收入阶段后，可能出现两种结果：一是持续发展，逐渐成为发达国家；二是出现贫富差距扩大、环境恶化甚至是社会动荡等问题，导致经济发展徘徊不前，最终陷入中等收入陷阱。

历史上，很少有中等收入国家成功地跻身为发达国家，它们往往都会陷入经济增长的停滞期。

为什么呢？原因是它们既无法在人力成本方面与低收入国家竞争，又无法在尖端技术研制方面与发达国家竞争。简单地说，就是不但低端制造业转型高端制造业失败，而且低端制造业还无法维持增长。

以中国为例，中国从低收入国家发展至如今的中等收入国家，依赖的是全球化过程中的人口红利。低廉的人力成本使中国获得"世界工厂"的称号，低端制造业在中国进入高速增长期，经济也一样。

然而随着居民收入和生活水平不断提高，人口红利却在不断减弱。人力成本增加、土地成本增加等问题，导致低端制造业生存空间越来越小，并向更低收入国家转移。

低端制造业作为改革开放以来中国经济发展的主要动力，如果陷入停滞，经济将受到极大的影响。

同时，低端制造业带来的环境污染问题会激化社会矛盾，社会动荡将进一步影响经济增长。

而解决办法就是转型，低端制造业向高端制造业转型，但是高端制造业需要靠高科技作为产业助推器，而高科技不是靠人口红利和时间就能实现的。

中国在历史上没有参与前几次工业革命，一切从零开始，需要花更多的代价去追赶发达国家。

虽然近年来中国在高科技领域的追赶步伐很快，但是真正掌握在我们自己手上的关键技术还是太少。

而只有形成一个个"技术领先—垄断地位—超额利润—投入研发—技术领先"的闭环之后，我们才能在接下来的竞争中处于更有利的位置。

为什么现在国家一直在强调，要向高质量的经济增长转型？因为摆脱中等收入陷阱的关键，就是以可持续的方式保持高速增长，这也是新时代的中国需要解决的问题。

接下来，我们将同时面对来自发达国家和低收入国家的双重挑战，最终能不能成功突围，就看接下来的五到十年了。

我们普通人是全球化的最大赢家吗？

前面说了这么多有关全球化的话题，从货币秩序到产业发展，从个人收入到国家竞争，但从个人角度来说，这些都显得有些遥远。

全球化到了这个阶段，最终的受益者，到底是谁？或者说，我们每一个普通人，到底是不是全球化进程的最大赢家呢？见图4-2，1998年至2008年全球收入增长的分布。

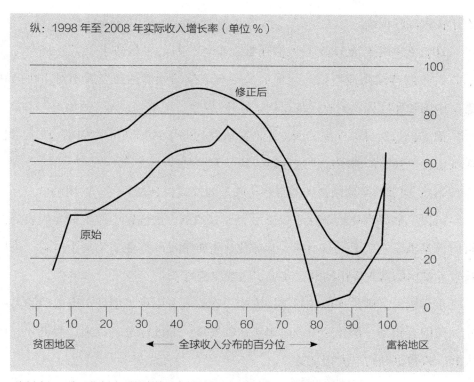

纵：1998 年至 2008 年实际收入增长率（单位 %）

修正后

原始

贫困地区　　◀── 全球收入分布的百分位 ──▶　　富裕地区

资料来源：克里斯托夫·雷克纳和布兰科·米拉诺维奇，世界银行数据库。

图4-2　1998年至2008年全球收入增长的分布

首先，从第三方研究来看，伴随着全球化进程的深入，自20世纪80年代中期至今，全球范围内的收入不平等程度首次出现降低趋势。

具体来说，自全球化开始之后，绝大多数国家的国民个人收入出现了自工业革命时代以来的最大幅度上涨。这种令人欣喜的变化，也被学界称为"大象曲线"。

然而，对"大象曲线"体现出来的进步是几家欢喜几家忧，因为这个曲线还告诉了我们三个事实：

第一，以部分亚洲国家中产阶级为代表的人群，在全球化这些年间的收入有了很大幅的提高。

20世纪80年代末，这些人群还处在全球分布的中位数上下，经济全球化后，收入的持续高速增长，让他们从相对低位的处境达到今天相对富足的状态。中国和印度人民的收入甚至翻了好几番。

第二，包括日本在内的西方中产阶级在1998年到2008年这段时间收入增长极为缓慢，甚至停滞不前，这种趋势到今天仍在持续。

第三，1%的全球巨富人群这些年收入的持续飙升是另一个鲜明的特点。

所以，如果真要给全球化找个最大赢家的话，中国以中产阶级为代表的人群应该是不二之选了吧。另外，全球化让资本流动和产业集聚更为便利，也使得世界各国的富人手中的财富获得了指数级的增长。

至于输家，则是那些较富裕国家中，在收入分配体系中处于中低层的人。比如美国有相当一部分的中产阶级正面临窘境，而欧债危机以来，西班牙、意大利、希腊也经历了大幅衰退。

对于这部分人来说，全球化似乎创造了一个更不平等的世界：在国内他们的财富增长速度远比不过富人，而在全球范围内，他们相对较低的综合竞争力，又使得他们创造财富的速度远不如后来崛起的那些国家的人。

所以，有很多欧美国家的保守主义者认为，全球化让中国等国受益，但它并没有服务于西方中产阶级。为此，他们提出全球化规则需要做出大刀阔斧的改变，以减缓亚洲增长，将工作机会带回西方国家，让西方国家的人民重新富裕。

而另一种声音则认为，全球化没有退路，必须要继续。

但欧美发达国家内部日益加剧的不平等问题，也同样需要解决，这就使得发达国家的国内政策需要做出调整，以确保社会流动性、机会均等，减少不同技能、不同教育程度人群之间的差距。

只不过，从如今的情况来看，这种政策思路和尝试目前并不被多数欧美国家的民众买账。这也是包括美国、英国在内的主要西方发达国家，都开始了"逆全球化"进程的主要原因之一。

融入全球化，为何必须采用市场经济制度？

经济体制主要有两种，分别是市场经济和计划经济。市场经济的典型代表就是美国，而计划经济的典型代表是苏联。

除此之外，还有一种是社会主义市场经济，代表国家就是我们中国。

伴随着苏联的解体和经济的全球化，计划经济最终销声匿迹，而市场经济最终成为全球化的主流。

所谓市场经济，指的是通过市场配置社会资源的经济运行体制。简单来说，市场就是商品和劳务交换的场所。市场经济的主体包括消费者和生产者，并且自发形成一个经济运行体制。

市场经济最大的特点就是市场竞争，竞争保证了市场经济的高效和活力，从而达到资源的最优配置。但是市场经济遵循的是价值规律，所以也容易导致恶性竞争，最终出现产能过剩或者哄抬物价的情况。低价值实用商品没人生产，刚需商品被人囤货垄断，最终引起社会矛盾。

基于市场经济的局限性，列宁提出了计划经济概念。他在《土地问题和争取自由的斗争》中说："只有实行巨大的社会化的计划经济制度，同时把所有的土地、工厂、工具的所有权转交给工人阶级，才能消灭一切剥削。"

计划经济，指的是根据政府计划调节经济活动的经济运行体制。

简单地说，就是指令型经济。计划经济的主体是政府，由政府按事先制定的计划，引导和调节经济运行的方向。生产什么，生产多少，为谁生产，都是由政府计划决定的。

计划经济最大的特点就是高度集中，避免了市场经济发展过程中的产能过剩、恶性竞争等问题，也可以达到资源集中配置的效果，在特殊情况下举国发展经济。

但是计划经济同样也有局限性，没有了竞争也就没有了高效和活力，积极性受挫导致生产低质低效。而且计划经济过度依赖政府，成败对错都取决于政府。

在实践中，计划经济的局限性更大，于是便慢慢成为过去式。新中国成立初期也是参照苏联，采取计划经济体制，但在1979年改革开放后就将其摒弃了。

2001年中国加入WTO以后，社会主义的市场经济也逐步发展成型，并成为全球各大经济体中最为亮丽的风景之一。

所谓社会主义市场经济，就是通过计划和市场两种手段实现社会资源合理配置的经济运行体制。

在这种模式下，强调的是政府职能，由政府保证社会福利调拨权力，消费者和生产者保证经济的高效和活力。

当出现产能过剩或者哄抬物价的情况时，政府可以行使调拨权力，也可以通过调拨的手段集中全国力量发展相关领域经济或者调控物价等。其局限性是在特定领域缺少竞争，存在低质低效的情况，这也是近几年政府提出混合所有制改革的原因。

所以，不管是哪种经济运行体制，都有利弊优缺。没有最好的，只有最合适的。

第五章

为什么你的行业不挣钱？

为什么农民工的工资越来越高？

提到农民工，你会想到什么？

浮现在多数人脑海中的第一个画面也许是工人们在各大城市的建筑工地上默默挥洒汗水，为城市建设添砖加瓦。

但实际上，农民工的范围比这个要广泛得多。根据国家统计局发布的《2018年农民工监测调查报告》，广义上的农民工，是指户籍仍在农村、在本地从事非农产业或外出从业6个月及以上的劳动者。

你平常在饭店遇到的服务员，在理发店遇到的发型师，在洗车店遇到的洗车师傅等，也许就是户籍仍在农村、但在城市务工赚钱的农民工。

如果你有留意的话，会发现吃饭、理发、洗车等服务业的价格普遍都在上涨，原因之一是付给农民工们的工资越来越高了。

国家统计局的调查数据显示：2018年，外出务工农民工月均收入4107元，比上年增加302元，增长7.9%；本地务工农民工月均收入3340元，比上年增加

167元，增长5.3%。

农民工拿到手的工资越来越多，证明我们的社会发展越来越成熟，劳动力的价格越来越高了。毕竟，劳动力的市场价格是受市场供需关系影响的。农民工工资的上涨也是市场规律使然。

西方国家普遍人口少且高度城市化，所以干脏活、累活的工人比较紧俏，赚的钱也多。而中国现在的问题不是劳动人口太少，而是愿意从事劳动力密集型行业的人越来越少，导致市场上的各个工种供不应求，薪资自然就水涨船高了。

另外，中国劳动年龄人口自2011年达到顶峰后，截至2019年已连续八年减少，减少总量为2860万人。人口红利的消失，推动了农民工工资的加速上涨。

更关键的是，此前蓝领的主力，主要是"60后""70后"。但伴随着"60后""70后"逐渐退出劳动力市场，"80后""90后"正在逐渐成为劳动力主体。

"60后""70后"是在物质条件匮乏的环境下成长起来的，秉承着艰苦奋斗的作风，不怕脏，不怕累，不挑活。而"80后""90后"从小在物质生活丰富的条件下成长起来，不缺吃，不愁穿，对工作环境和工作内容有一定的要求。光是工作环境这一项，已经让很多新生代农民工把建筑工人这样的脏活累活排除在考虑范畴之外了。

所以，很多建筑、家装等领域的工种，一天的人工费动辄好几百，还找不到人。

一面是每年接近千万的应届毕业生，为了一个舒适的办公室职位挤得头破血流；一面是快速发展的城市化进程对第二产业、第三产业的工作人员的巨大需求，所以农民工赚得越来越多也是一种必然。

保姆、快递员、外卖小哥月入过万，合理吗？

这几年，一些过去不大起眼的行业因为从业人员高收入的报道引起大众关注，大家发现：外卖小哥月入过万、快递小哥月入2万、煎饼摊大妈月入3万、月嫂天价工资……随便查一下相关的新闻，你会发现这些行业从业人员的收入超过不少天天坐写字楼的白领。

在此之前，很少人会去想这些偏重体力的行业一个月能赚多少钱。而今，一个又一个高薪蓝领的新闻冒出来，不断刷新大家的认知，同时也刺痛了部分群体的神经。

不少人从小被长辈告知，一定要好好学习，上个好大学，以后坐在办公室里就能轻松赚钱。终于，他们寒窗苦读考上大学，走出校门，成功入职，每天加班加点，到手工资却只有几千。

当白领们开始为日常的生计而仔细盘算的时候，蓝领月入过万的新闻，给他们脆弱的神经造成了直接的刺激。

于是有人质疑，外卖小哥、快递员、保姆这些行业，不需要学历，不需要技术含量，只要年轻、体力好就能干，凭什么碾压寒窗苦读多年的大学生，这合理吗？

首先，你需要认清楚的一点是，不是所有外卖小哥、快递员都月入过万，不是任何一个煎饼摊都月入3万，也不是所有保姆、月嫂都是天价工资。能被媒体报道出来的都是行业里的佼佼者，并不能代表整个行业的平均薪资水平。

其次，这些能够凭实力月入过万的人，背后的工作强度非常大。快递员工作起来不分日夜，每逢各种购物节，更是超负荷工作。外卖小哥风里来雨里去，就为了一个准时送达的好评，硬生生练出了一身"竞赛车技"。

另外，从经济学的角度来看，市场价格虽然偶有波动，但总体上来说，是不会太偏离市场价值的。

收入高低还和行业的稀缺性有关，有些工种，或是所需技术难度大，或是工作强度特别大。比如说装修师傅，装修是一门技术活，工作一天，整个人都糊了一身灰。

而如今中国青年人口占总人口的比例逐渐下降，加上大多数受过良好教育的年轻人也不太愿意从事这些比较辛苦的工作，导致蓝领行业一人难求。

当市场上的需求依旧存在甚至比以往更为旺盛，而可以满足需求的人力资源还在不断减少的时候，价格的水涨船高就是意料之中的事情了。

所以，也别为蓝领工作月入过万而感到惊诧了，在未来，这都是再正常不过的事情。

都是博士毕业，为什么人工智能博士年薪这么高？

随着互联网行业的不断发展，科技人才收入高已经是社会公认的事实。大学毕业被名企招进去做软件工程师，拿20万起步的年薪，都已经不算什么新闻了。

但即便是在这个普遍高收入的行业中，人工智能这个细分领域的人才所能拿到的收入，还是让不少人啧啧称奇。

李开复前几年就曾公开说过：美国研究深度学习的人工智能博士生，一毕业就能拿到约合人民币200万到300万年收入的公司录取信。

而华为在深陷美国制裁风波的时候，也直接开高价招来了八名人工智能相关的博士毕业生。2019年一则华为内部邮件"华为将对八位2019届顶尖学生实行年薪管理的通知"在网上传开，其中年薪最低的一位有89万，最高的则高达200万人民币。

要知道，2018年全国博士生毕业的平均月薪才刚刚过万元，满打满算，平均年薪还不到15万。而人工智能领域博士的起点年薪，就已经是绝大多数博士毕业生的数倍以上了。

为什么这个领域的博士这么吃香？很简单，他们所能带来的产能转化价值比其他专业的博士更大。

毕竟，能给这些人才开出高额薪资的都是全球一流的科技公司。这些科技公司之所以愿意在人工智能领域的人才身上花费这么多的成本，最直接的原因是目前市面上打着"人工智能"概念的人才虽然多，但真正懂得"深度学习"的高端人才还是非常紧俏的，极度的供需失衡是相关人才薪资水平极高的第一层原因。

别看这些公司在人工智能人才身上投入这么大，但只要把他们的聪明才智发挥出来，给公司带来的经济效益往往都是以十倍百倍计算的。所以从人才效能来看，即便薪资再高一些，这些公司也还是愿意给的。

还有一个原因是各大公司之间的"哄抬物价"。

华为之所以花这么大的价钱签下人工智能的博士毕业生，而不是等相关人才在某些领域做出成绩以后再签下，是因为如今科技公司的人才竞争早已深入到学校阶段。毕竟人才就这么多，华为不签，腾讯会签；腾讯不要，阿里会接，因此必须趁早下手。

人工智能领域的高端人才如此抢手也说明，全球各国在新兴科技上的投入竞赛还远没有终点。

如果你已经是相关领域的技术人员，选择人工智能行业并不意味着拿到高薪之后就一劳永逸，而更应以快节奏、高标准要求自己。因为这个领域的新技术日新月异，不同的商业场景对技术有着不同的需求，不断提高自身的竞争力才是持续高薪的前提。

如果你希望往这个领域发展，那就应尽早学习人工智能方向的专业知识，把自己的专业功底做扎实，自然就会有发光发热的时候。

如果你并无技术背景，那就应该多关注人工智能在商业场景上的落地形态，未来实体经济与人工智能融合是大势所趋，而这里面也必然会孕育出大量的新机会。

手机越来越便宜，但玩手机花的钱为什么越来越多？

如果你留意过现在的智能手机市场，就会发现各大品牌推出的手机在功能越来越多、屏幕越来越大、性能越来越好的同时，价格却越来越低。

即便是一度下定决心要把iPhone卖出奢侈品价格的苹果公司，也不得不在推出的产品上采取了"以价换量"的策略。

而像小米这样的新兴手机品牌，更是靠着绝对的性价比，在短时间内就发展成国内外知名的手机品牌。小米创始人雷军就曾表态说，小米硬件产品的综合净利润永远不会超过5%。

那么你可能会问：手机越来越便宜，而包括人工、原材料、研发等各方面的成本却越来越高，手机厂家究竟靠什么赚钱呢？

答案很简单，哪怕不赚钱，也要先把硬件卖给你，再靠硬件上加载的互联网服务来赚钱赢利。毕竟现在人们不只把手机当作一个通信设备，而是当作一个随时随地办公、娱乐、购物的智能终端，手机里有大量需要付费的产品和服务。

比如你想看最新的网剧，往往需要付费开通会员；你正在追的明星开了直播，你会忍不住给他打赏；新上市的游戏，你也会为里面的各种增值服务付钱……

所以小米的硬件销售收入占比达90.6%，贡献了全公司53.2%的毛利润。而销售收入占比仅为9.4%的互联网服务，却贡献了足足46.8%的毛利润。

同样的逻辑也可以应用在电视机、智能音箱等产品上。

就拿电视机来说吧，在这个已经高度竞争的市场，很多中低端品牌的利润率都已经压到很低了。但你一看最近的新闻，不仅小米在做，华为在做，就连其他的一些科技公司也在做电视机。

明明卖电视机不赚钱，很多老牌家电企业都退出不干了，为什么还有这么多科技公司想着要"杀"进来？

因为同传统电视厂商卖硬件、卖品牌、吃差价的赢利模式不同，像小米、华为这样的科技企业，不会只把电视当作一块大屏幕，而是当作至关重要的家庭娱乐入口。

尤其如今5G技术的逐步普及，影视剧、传统游戏和互动游戏、直播、互动娱乐，甚至未来的AR和VR形式的沉浸式体验娱乐，都有可能在5G技术的助力下，借助电视这个家庭娱乐入口渗透到千家万户。

这就意味着大量的娱乐消费商机，而与卖硬件的利润率相比，这种软件的产品利润率可高得多了。

从消费者的角度来说，这是件好事。一方面买新手机、新电视机的成本越来越低，另一方面各个科技公司为了能在互联网服务方面获得更高的收益，也会不断提升自己的软件服务能力，让用户能以更便宜的价格获取更优质的服务。

特斯拉卖这么贵，为什么还这么火？

电动汽车的发明和生产虽然早在19世纪后期就开始了，但真正大规模普及也就是这十来年的事。

但要说纯电动汽车成为全球范围内的热点话题，并被广大消费者普遍认同，甚至成为电动汽车拥趸的代表性事件，还是2012年，特斯拉发布了那款革命性的四门纯电动豪华跑车：Model S。

这款车的价格一点都不便宜，虽然外形很酷、功能眼花缭乱，但相比同价位豪华轿车，这款车内饰做工略显粗糙，且无法完全做到像燃油汽车一样在几分钟内获得燃料补给。但即便是这样，也丝毫不影响特斯拉的异军突起，在北美豪华车销量排行榜上，特斯拉的Model S、Model X和Model 3常年位居前五名。

那么，为什么特斯拉卖得这么贵，却还是这么火呢？

第一，因为特斯拉的出现，不仅给整个汽车行业带来了一款新的车型、一个新的品牌，还带来了一种颠覆式的完全不同于燃油汽车的全新概念：纯电动、环保、相对较高的续航，以及碾压同价位燃油车的高性能。

而事实证明，很多中产及富豪人群完全愿意为特斯拉的这些突破买单——他们支持的不只是特斯拉的概念，更因为选择特斯拉等于选择了一种全新的出行方式，凸显出了自己与众不同的品位和价值理念。

第二，特斯拉虽然贵，但它在实际使用过程中给用户的服务和感受，让用户觉得物有所值。

目前有关汽车技术创新的很多新的想法和新的思路，比如自动驾驶、人工智能、模块化生产、OTA（空中下载技术）升级，等等，几乎都是由特斯拉率先实践或者发扬光大的。

这不仅能给特斯拉的目标用户带来持续不断的惊喜体验，更能在互联网形成持续传播的口碑和热点，满足车主和品牌目标人群彰显个性、分享乐趣的情感需要。

第三，特斯拉的标价方式非常透明。成本到底花在了哪里，到底为什么这款车会卖出这个价格，用户基本都是可以查询得到的。

而且，多数传统汽车品牌在进口到中国时，除了必须缴纳的各种进口税费之外，还会额外再浮动几万至几十万的品牌溢价。比起这些品牌，特斯拉卖到中国的车型，基本只有出厂价格加上关税成本，价格非常透明，这种对用户坦诚的做法也获得了中国大多数目标用户的认可。

从特斯拉卖高价却仍然热销的案例中，我们也能发现，其实绝大多数用户愿意为特斯拉这样的标志性创新产品支付相对较高的费用。

就像乔布斯刚刚推出革命性的iPhone 4的时候，尽管售价比其他手机品牌高了一截，但市场上却还是一机难求。而如今，伴随着在iPhone技术和体验创新上的乏善可陈，苹果公司也就不得不采取降低售价的方式来换取更高的销量了。

换言之，只要是真正对用户有用的创新，让用户觉得能极大提升自己生活便利性的创新，最后都不用太担心市场的接受程度。相反，如果你的创意、你的产品只能重复地在市场上陷入价格战的红海，那证明你卖给用户的，还不是真正能惊艳到他们的革命性产品。

科技发达的城市，为什么房价也高？

著名经济学家张五常曾经在某节目上说过：北上广深的高房价，全都是因为"搞"高科技造成的。

张五常认为，货币超发、土地供应少、人口大量流入都不足以解释北上广深的高房价。足够多的高收入人才，才是支撑一个城市高房价的基础。

比如深圳的华为和腾讯，即便是普通员工，全年收入的中位数也都达到四五十万。既然大家的收入都很高，而且都还年轻，对房子有明确的需求，你认为深圳的房子还会便宜吗？

这就像有 150 个人同时竞争 100 个面包，但这 150 个人拥有的资金是不同的。那么作为商家，在给面包定价时肯定要考虑两个因素：一个是保证现有的面包卖完，另一个是给面包的定价能给自己带来最大的利益。基于这两点，商家势必会去了解这 150 个人手里分别拿着多少钱，按照钱多钱少给他们排排名，排在前 100 位的人手里拿的钱就是商家定价的参考标准。也就是说，前面 100 个人手里拿的钱越多，商家给面包定的价格就会越高。

换句话来说，张五常的推论虽然不一定能完全解释北上广深的高房价，但也确实从侧面说明了是哪些行业的人群在支撑着北上广深的高房价。

而且同样的案例，其实在美国也能找到。

美国旧金山湾区的房价一直傲视群雄。从客观条件来看，湾区气候宜人，全年的温差不大，阳光明媚，是全球最适合人居住的地区之一，所以确实容易比其他的城市要贵一点。

而从实际情况来看，旧金山湾区也是当之无愧的全球科技中心，所以当地高科技产业员工的高薪，才是支撑湾区房价的核心因素。

全球最著名的高科技公司基本上都在这里：苹果、谷歌、英特尔、甲骨文、惠普、易贝。

另外像IBM、微软、美国电气、三星、亚马逊也都在湾区建立了重要的分部；还有投融资界最火的独角兽公司，一半都在湾区，包括优步和爱彼迎。

据美国科技媒体BizTalk提供的数据，湾区工程师们的平均年薪在10万～20万美元之间，再加上奖金及股票收入，远高于美国家庭年度收入中位数6.3万美元。

所以，虽然据数据统计在旧金山湾区能买得起房的人越来越少，但这也不妨碍湾区房价的节节高升。

从这个层面来看，高科技产业发达的城市，相对的房价也高，也确实是个合情合理的事情。

都说赚钱越来越难，为什么豪车还越卖越多？

2018年，汽车销量的全年下跌，已经让很多竞争力不强的车企过得凄凄惨惨戚戚，而2019年车市的情况，看起来仍未有明显的好转。

但与主销平价车的品牌销量下滑相反，豪华车的销量却在稳步上涨。

查一查这几年的汽车销量排行榜，会发现每月排在畅销榜前20名的，除了常见的那些10万～15万元左右的家用车，还有几款30万起步的豪华品牌车型。具体到车厂表现上，北京奔驰和华晨宝马总销量更是位居2018年车厂总销量的第10名和第11名，比福特、起亚、三菱这些普通品牌的销量还要高，像凯迪拉克、沃尔沃、雷克萨斯这样的二线豪华品牌，2019年以来的增长率更是接近40%。

都说如今大家花钱越来越谨慎了，加上2019年上半年我国汽车保有量已经超过2.5亿辆，所以车市销量确实很难再像过去那样一年一个新台阶。但为什么动辄几十万起步的豪华品牌的汽车销量却还在逆势上涨呢？

原因有三点：

第一，经济环境不好，影响最大的是低收入群体及中等收入群体，对富人的影响非常有限。

众所周知，中国迅速崛起的中等收入群体背后，也是快速膨胀的家庭债务。

前几年经济环境还算不错，中低收入群体虽然负债高、消费高，但总体来看现金流状况仍能维持。但如今，很多人的首要任务从加杠杆实现资产增值、完成资产升级，变成了稳杠杆保现金流、确保资产不缩水。由此影响的，首先就是减少在汽车、奢侈品、旅游等方面"不必要"的支出。

第二，豪华品牌销量逆势上扬的另一大秘密，是优惠的力度普遍很大，已经下沉到普通品牌的价格区间。

比如奥迪的某款小型车，终端售价只比同集团的大众品牌同类型车贵2万~3万元；比如凯迪拉克和沃尔沃的很多车型，终端售价几乎跟丰田、本田某些车型的中高配售价齐平；还有宝马和奔驰这些品牌都已经把某些入门车型的市场价格下沉到20万以内。

既然赚钱越来越不容易，那就更要精打细算了！如今可以花平民车的价格买到豪华车的享受，何乐而不为？

第三，汽车市场发展得越成熟，越是会出现汽车公司的马太效应。

这两年，也不是所有普通品牌的日子都过得不好，像本田、丰田这样以耐用、经济口碑著称的普通品牌，销量是不减反增。但像标致、雪铁龙、起亚、雷诺等比较"偏科"的品牌，在严酷的市场竞争下，它们要考虑的就不是销量下滑的问题，而是还能不能在中国市场存活下去。

从发达国家汽车消费的状况来看，这是市场发展成熟到一定阶段后，必然出现的一个现象——几个被大众认可的普通品牌的主打车型占据市场的主流，满足普罗大众对汽车"便宜耐用的代步工具"的需求；豪华车的占有率也会上浮20%左右，满足中产及以上阶层在单纯代步需求之外的，更深层次的对品牌、配置、做工以及用料上的需求。至于其他高不成低不就的品牌，只能选择深耕细分市场，或者就干脆退出了事。

未来 10 年，哪些工作最没有前途？

社会在飞速进步，时代在不停更迭。当我们从校园进入社会以后，就会发现：个人的发展与成就，确实不是光靠努力就能实现的。有时候，选择比努力还重要。所以，我们在选择一份工作的时候，要先观察大环境，判断一下行情趋势，再决定是否涉足。

那么，在未来10年，有哪些工作是肯定没什么前途的呢？

1. 银行柜员

ATM的出现，就已经从一定程度上减轻了人们对银行柜员的依赖。后来，伴随着移动互联网的兴起和手机银行的普及，越来越多的人选择在线上完成日常的银行交易，去线下网点办理业务的次数大幅减少。

即便是这样，为了进一步推动银行业务的自助化以节约成本，这几年，有相当一部分银行开始在网点配备全智能化的超级柜员机，即便是必须去线下完成的像开卡、销卡等复杂业务，也都不再需要银行柜员的引导就能完成。所以，有些地区的银行已经把每个网点的人工柜台数量从5~6个缩减为1个，主要业务都通过智能机器来完成。

另外，现在大家使用现金的频率越来越少，很多年轻人身上基本不带现金，一部手机就能走天下，买什么都可以用手机支付，谁还会去银行排队取钱办业务？

2. 传统媒体记者

互联网的发展使得新媒体行业迅速兴起，但传统媒体在互联网的冲击下，生存空间越来越小。很多传统媒体在新媒体的冲击下纷纷倒闭，即使是有实力、有知名度的老牌传统媒体，也风光不再，效益远不如从前。你还记得上一次买报纸和杂志是什么时候吗？哪怕是电视台，也被各种视频网站、直播应用等互联网场景抢占了宝贵的时间和流量，营收大不如前。

而且现在很多互联网公司为了节约成本，还推出了人工智能写稿，一个人工智能相当于一千个记者，不仅能胜任简单的资讯类新闻采编，还24小时全年无休！

所以，如果你是一个在传统媒体工作的采编人员，并且只会发通稿，那么你得抓紧时间想想后路了！

3. 仓储&物流工人

早前有新闻报道，优衣库在日本东京推出了几乎全部由机器人技术驱动的仓库服务。整个仓库的货物打包、发送都可以由大型机械臂来完成，除了偶尔的维护之外，仓库基本可以24小时无停休运行，据说这套运作系统可以替代仓库90%的工人。

而在国内，各种快递物流公司的仓储转运中心也早就实现了自动化和智能化，以往靠大量人力来完成分拣的方式，基本已成历史。

依照现在的科技发展程度，在未来10年，这样高效的仓库运作系统估计会很快在各地得到推广运用。

另外，在运输和配送环节，伴随着无人驾驶技术和机器人、无人机技术的不断成熟，绝大多数标准化的运输和配送场景，未来都将不再需要人力。

4. 流水线工人

机器人投入流水线生产工作已经不是新鲜事了，推广扩大至普遍范围只是时间的问题。

最为典型的代表就是曾经的用人大户富士康。富士康科技集团创办人郭台铭曾说过：最多10年时间，富士康将用机器人取代80%的人力。

机器人远远比人工更快更准确，而且从较为功利的角度来看，机器人不用买五险一金，也不用休息，老板们何乐而不为呢？

5. 建筑工人

我在前文提到过，现在愿意去建筑工地工作的农民工越来越少，请工人的成本也越来越高。所以，很多地产公司已经开始着手准备未来的应对方案。

碧桂园已经明确提出，加快人工智能和建筑机器人的融合，用机器人代替建筑工人。目前，碧桂园已经在安排生产适合机器人使用的顶架、爬架、墙板。

和流水线工人同理，机器人搬砖的效率可比普通建筑工高多了，而且可以大量减轻企业的用人成本，在未来会是一个趋势。

另外，建筑业还兴起了一股"装配式建筑"的风潮，这种建筑工期短、成本低、耗能少，最重要的是实现了高度的标准化，不再需要过多的现场人工。

或许有人已经发现，我上面说的这几类职业是有共同点的——工作重复性强，技术含量低。

是的，无论蓝领还是白领，只要工作是以复读机式机械重复为主，没什么技术含量的，都很有可能在未来被机器人给"消灭"掉。同类型的职业还有很多，比如清洁工、快递员，等等。

要想在未来成为不会被淘汰的人，首先，要懂得抓住行业趋势，其次，要注意增强专业技能的技术含量，保证自己有不可被人工智能替代之处。

未来 10 年，哪些工作最有"钱"途？

虽然在上一节中，我说银行柜员这个工作没什么前途，但并不意味着身为银行柜员的你未来就一定会失业。因为银行往往会提供转岗和培训的机会，帮助你完成职场的转型，只要你自己努力，还是能继续在其他岗位上体现自己的价值。

所以说，像银行柜员这样的工作，哪怕你遇到了一定的职场危机，仍然是个相对安全的避风港。而那些没有对应转岗培训机制支持的岗位，一旦遇到技术变革，就很难应对了。

实际上，这种伴随着时代进步和技术革新而导致的失业恐惧症，在人类历史上并不少见。

蒸汽机出现后，纺纱工人砸过机器。内燃机出现后，马车车夫堵过马路。自动化出现后，发达国家的工人和农民在总人口中的占比逐步下滑，一度也天天上街抗议说："还我工作。"

没错，社会的进步、时代的发展、新技术的普及，往往会导致社会产业结构的变化，让旧产业的人面临转型、失业的挑战。这种事一直在发生，从没中断过。

所以，如果真按各领域专家的预测来看，似乎再过几十年，会有差不多一半的人找不到工作。但从历史经验来看，这种预测又从来没有成真过。因为新技术在消灭旧工作的同时，也会带来新岗位。

目前可以肯定的是，有两大类职业难以被科技进步所取代。

一种是抽象职业，即那些需要解决问题的能力，需要直觉、创造力、说服力的工作，例如工程师、教授、管理人员等。

另一种是需要动手的职业，即那些需要环境适应能力、视觉和语言辨识能力，以及人际交往能力的工作，例如厨师、护士、保姆等。

也就是说，高智力投入职业和高技能投入职业更加不容易被科技进步所取代，而最受冲击的恰恰是"中等智力+中等技能"的职业，比如销售人员、公司行政文员、制造业工人、技工等。

要想不被技术取代，就得先看到社会的趋势，然后主动求变，不要让现状束缚你的想象力。

未来10年，主动熟悉并积极使用人工智能辅助的人，能占得技术进步、生产方式变更的红利，并从中分得一杯羹。而悲观抵触的人，等待他们的，是被时代的车轮无情地碾过。

你，准备好了吗？

现在买房投资，还能赚大钱吗？

在过去十多年间，只要经济面临危机，全球各国的选择都很简单：量化宽松。也就是我们俗称的"放水"。

长达十余年的放水，使得全球各国都产生了不同程度的资产泡沫。而在中国，每次放水后最直接受益的部门，一直都是房地产。

从2008年全球金融危机开始，"地产拉动经济"成了我们最常用的手法，依靠买房来抵抗通胀、实现资产的保值增值也成为相当一部分中国人的思维惯性。很多人相信，房价只会涨不会跌，买房不仅成了一种全民热潮，更开始像信仰一样深入人心。所以，如果你现在随便去问一个人，有没有什么稳涨不跌的投资选项的时候，他的答案里一定会有：买房！

但从2016年的房地产调控开始，中国楼市的运转逻辑开始有了根本性的转变。在经济压力加大、内外部环境严峻的大背景下，我们终于到了要破除地产依赖的老路径、寻找新的经济增长点的重大节点。未来的楼市逻辑，不再会是周期轮动的普遍上涨。

中长期来看，一、二线城市和主要城市群的核心区域还会有适度平缓的上涨空间，毕竟有通胀的压力，人口还在不断流入，城市经济也在不断发展。但对于绝大多数三、四、五线城市来说，房价终究会进入其价值回归的下行阶段，让房子回归其居住的本质，而不再具备"投资品"的色彩。

所以，未来5年内，如果你要买房，以下几个要点是一定要记住的：

第一，无论你在哪个城市，只要是有真实的自住购房需求，其实都可以继续入市购买，但也不能闭着眼睛买。

在刚需性买房之前，必须明确自己到底要的是什么，在能力所及的范围内，我建议你一定要尽可能挑最好的地段、最好的开发商和最好的户型。如果是买二手房，就一定要在当地的热点区域入手，多花点时间、多踩盘、多询价交流。而无论是新房还是二手房，从长远来看早晚都是要置换的，所以尤其应当重点考虑的是5年以后的流通性。买一套对的，胜过你买很多套没用的。

第二，如果你在三、四、五线城市有多套房产，可以考虑进行避险操作。

从长远来看，多数在大都市圈之外的三、四、五线城市的房产，都将回归其原本的居住价值。

如果你不是真的有一大家子人需要4～5套房子各自安置的话，那么是可以考虑出手几套换成现金，或者置换成大都市圈内的房产。

第三，不再建议继续加杠杆投资房产。

如果你已经有了1~2套还算不错的房产，且月供压力基本可控的话，3~5年内就能维持一个不错的现金流状况，然后配置一些稳健的投资项目就行了。

如果你目前存量的房产超过4套，且有一半以上是在2016年前后入手的，最好能出手1~2套降低杠杆压力。如果现金流足以覆盖还贷压力，也请记住短期内别再加杠杆买房了。

虽然楼市将进入二八分化的全新阶段，但也不意味着每个手握4套以上一二线城市房产的你就一定能稳坐钓鱼台。

对于这部分人来说，由于一二线楼市在未来的2~3年内仍将维持横盘状态，所以现阶段最需要考虑的是持有房产的成本和效益。如果你持有的房产变现困难且月供压力巨大，在当前的环境下，很有可能因为现金流的问题而导致全盘崩坏。

总之，买房这个对于几乎所有中国人来说都非常重要的事，在未来也将变成一个考验你的分析和决策能力的重大投资事项。毕竟，这是一次动辄上百万前期投入，需要占用你未来10~30年现金流，且极有可能影响你整个家庭未来财富走向的决定。

好城市、好地段、好楼盘和好配套，才能经得起未来的时间考验，购房者稍有不慎，有很大概率踏空楼市的节奏，被时代甩在后面。

PART ❷
我们的财富，
该怎样管理支配？

第六章
比"月光族"更可怕的是"破产族"

花呗、白条用得太多了，会影响买房吗？

现代社会就是个信用社会，很多年轻人都听过征信这个名词，却不一定知道它的重要性。

所谓征信，实际上是一个动词，是征信机构通过各个渠道合法采集、整理和分析你的相关信用信息，并通过个人信用报告等形式帮助相关机构判断你的个人信用风险的一种活动。

我们自己能看到的个人信用报告，正是征信机构通过上面这些活动得出的个人信用历史记录，你可以凭借这个报告去申请房贷或其他金融和非金融服务。

如今，在消费主义浪潮的席卷下，几乎所有的年轻人都使用过花呗、白条这样的消费金融服务。很多人在大致接触过一些基础的金融知识之后，就会开始担心这样一个问题：我平时用花呗、白条用得非常频繁，会不会给我的征信带来不必要的麻烦？以后如果要买房，会不会不能贷款？

确实，在这个大数据时代，各个平台的数据都已经互联共享了，很多人因为不太理解征信的具体运作方式，只要听说某平台个人金融信息会上传至征信系统，就觉得危险，还是少碰为妙，不然影响以后贷款买房。

其实，这里有一个很常见的误区——有征信记录和有不良征信记录是两回事。

以花呗、白条和借呗为例，这些产品都是年轻"月光族"的"救命稻草"，免了过去向熟人借钱的尴尬客套，动一动手指钱就借到手。但既然是消费金融性质的平台，还是会担心征信问题，那么我们到底该怎么看待这个问题呢？

首先，花呗个人信用信息目前是不上传至央行征信系统的，但是会记入芝麻信用记录，从 2019 年开始，支付宝的芝麻信用正式接入由中国互联网金融协会与芝麻信用、腾讯征信等 8 家市场机构共同发起组建的百行征信。

央行征信和芝麻信用是两个不同级别的征信系统，前者属于国家层面，后者属于独立的第三方信用系统。

虽然花呗现在不上央行征信，但也不能随便逾期，芝麻信用和百行征信的影响力也不容小觑，如果不良信用信息被这些征信机构记录后，对以后申请贷款或做其他事情都是会有影响的。

至于白条，目前采取的是分批上报征信的方式。除此之外，京东也有自己的信用机构"小白信用"，逾期了同样会收取违约金和罚款，还会通过各种方式提醒还款。

至于借呗，它和京东的金条、腾讯的微粒贷一样，都是会上央行征信的。一旦发生违约，这个记录将在你的个人信用报告里保留 5 年，也就是说，如果你从借呗里借了钱忘了还，那么不仅有额外的罚息，由此产生的不良征信记录，还需要 5 年时间才能消除。

当然，我们也没必要谈征信色变。因为从理财规划的角度来看，征信记录过多并不完全是一件坏事，真正影响征信的，只是你的不良信用行为。

要打造真正优质的征信记录，得满足四个要求：不黑、不白、不多、不乱。

不黑指没有因逾期还款次数较多而被列入黑名单。

不白指征信记录不是白纸一张，至少有过信用卡的使用记录。

不多指贷款笔数、信用卡张数和透支数不能太多。尤其是网贷的记录，一定要控制。

不乱指别在征信上留下各种机构频繁查询个人信用信息的记录。否则银行可能会认为你的财务状况不乐观。

总之，爱惜征信，按时还钱，一般就不会出什么大问题。

为什么手机号换得太勤也会贷不了款？

手机号换得太勤也贷不了款？这不是在吓唬你，再不珍惜你的信用记录，以后买房可就麻烦了。

征信的重要性很多人还不太明确，它在中国其实算是个新鲜事物。中国的个人征信系统最早是在2002年提出，并从2004年开始，由中国人民银行牵头建设全国集中统一的个人征信系统。而从2019年5月开始，央行征信中心上线全新版本征信报告。那么，新版征信报告较之老版有什么区别呢？

首先，没事就爱换手机号的人，将更难获批贷款了。

在旧版征信报告里面，只收录最近一次业务系统上报的手机号，而在新版中，将收录最近5次业务系统上报的手机号和信息更新日期。

有人可能会问，央行怎么会知道我的手机号？

很简单，只要你在银行或其他金融机构申请过贷款、信用卡，该机构就会将申请信息上报到中国人民银行，你申请时使用的手机号都会被记录在报告里。

在银行看来，如果一个人十几年都不换手机号，说明这个人工作生活稳定，而如果手机号隔一段时间就换一个，至少可以从侧面判断出此人的职业不太稳定，或者常更换居住地。

所以，那些一年能换好几个手机号的人士要注意了，不要以为报告上没有逾期记录，银行就会认为你是个信用好的人，手机号的稳定性也是个重要的衡量依据。另外，如果你的手机号在过往2年内出现过欠费，在征信报告中也会被展示出来，并直接影响你的征信记录。

其次，新版征信报告中，将详细体现个人名下信用卡的还款状态、逾期状态和还款金额。而旧版征信报告则只能看到你的还款状态。也就是说，旧版报告只能看到你名下信用卡有没有逾期，如有逾期，有没有补上。而新版报告还能看到你每个月都还了多少钱。

除了详细看到还款金额之外，以往通过销户来掩盖不良记录的做法，在新版报告里也将无所遁形，因为在新版报告里，已销户的信用卡依旧会显示出最近5年内的逐月还款记录。

这一变化直接冲击的，是常年使用信用卡高额消费（养卡或套现）的人的信用记录，新版报告上的每月还款金额将暴露其高额消费的习惯，而且再也没法用拆东墙补西墙的方式进行掩饰。

再者，新版报告中将详细体现你通过信用卡申请的大额分期贷款信息。在旧版报告中，这些信息是无法被识别出来的。

现在很多银行在发放车位贷、车贷等大额分期贷款的时候，通常会以信用卡的形式发放，具体方法是先向银行申请一张专用还款的信用卡，还贷时使用此卡，然后每月还款进这张卡中。在旧版报告中，这些信息是体现不出来的。在新版报告中，这些大额分期贷款的信息和还款记录也将明确标明，贷款审批机构也可以更加准确地掌握申请人的负债情况。

最后，新版报告也有非常人性化的地方：用户如果发现个人信息被盗用，可以主动申请在征信报告上添加"反欺诈警示"。

移动互联网时代，身份信息被盗用已经非常普遍。过去，很多人在不知情的状态下被不法分子盗用了自己的身份信息，并在不知不觉中就申请了一笔贷款，并留下逾期记录。而如今，新版征信报告给了我们一个主动反馈自己信息被盗用的入口。

总之，在大数据时代，控制好个人负债比，保持良好的信用记录，对自己和银行都是好事。

电商分期购物、信用卡分期到底划不划算？

前面说到日常使用花呗、白条这样的服务并没有啥不好的，只要能保证按时还钱，就不会给个人的征信带来什么影响。

那么在这一节，我们来说说年轻人使用这些服务的过程中另一个比较常见的场景——分期购物。

现在多数年轻人收入还比较有限，但各方面的诱惑又很大，被"种草"的东西又很多，所以每次一看到各种各样的分期促销活动，就抱着"哪怕再贵，分24期平摊下来每个月基本等于白送给你"的心态直接"剁手"了，殊不知分期购物后面还有一个费率问题。如果是店家或平台补贴的免息免手续费的分期，那除了会挤占一部分你未来的现金流之外，倒也没什么影响。但如果是有手续费的消费分期，其实相当于等本等息还款，非常不划算。

在说明等本等息还款是什么之前，我们先来看看最常见的一次性还本付息

119

还款方式。

举个例子，你找同事借了1.2万元，约定1年后还清本金和360元利息，那年利率就是3%。在这1年里，你借的这笔钱都是你的，你爱怎么用就怎么用，到时间还掉就行了。

但是等本等息还款就不一样了。

同样是借1.2万元，每个月还1000元本金和30元利息，总利息360元，似乎和上面讲的还本付息一样。但其实第一个月后，还了1000元本金，你还欠1.1万元本金。第二个月，再还1000元本金，你还欠1万元本金。……以此类推，你每个月欠的本金是越来越少的，但是利息没有随着本金减少而减少，每个月30块的利息还是不变。也就是说，这1年内，你并没有完整拥有这笔钱，已经还了的钱依旧在算利息。这时候，利率就不是3%那么简单了。

那真实的利率怎么算呢？这里我们需要采用现金流折现的计算方法：

本金=第12个月还款总额/（1+利率）+第11个月还款总额/（1+利率）×2+……+第1个月还款总额/（1+利率）×12

也就是：

12000=1030/（1+利率）+1030/（1+利率）×2+……+1030/（1+利率）×12

最终算出的实际年化利率是5.49%。

明白了这一点，再用这个方法去算有手续费的分期购物的实际利率，会得出一个你意想不到的结果。

比如，你看中了一款售价3388元的手机，选择了12期分期拿下，每个月除了要还282.33元的本金之外，还需要支付21.17元的手续费。很多人只是用手续费除以分期金额计算得出借款利率，254.1/3388=7.5%，觉得还可以接受。但实际上，根据正确计算方式，算出来的真实利率是13.56%，接近7.5%的两倍。

同样的逻辑，也可以用来计算银行信用卡分期的实际借款利率。不要被表面上标明的"低费率"所迷惑，用上面的函数一算，你才会知道你需要承担的真实利率到底有多高。

从理财规划的角度来说，更合理的做法是尽量不要分期消费。如果你本身钱不多，却为了一些容易更新换代的消费产品让自己陷入重重债务，其实一点都不值得。如果非要分期消费，也尽量去选择那些免息分期的贷款产品，或者自己算清楚实际利率，在能力范围内选择利率更低的产品。

贷款利率多高才算高？

随着社会的发展，越来越多的人开始通过贷款来弥补资金缺口。但在申请贷款的时候，你会发现各个金融机构给出的利率都不一样。

首先，如果你是从正规金融机构获得的贷款，那么贷款利率从低到高的顺序大致为：房贷（4.9%左右）、车贷（8%）、抵押贷（5%~8%）、经营贷（5%~18%）、信用贷（8%~18%）。除此之外，还有一些正规网络平台提供的贷款，比如借呗、京东金条、微粒贷，年利率通常在18%左右。还有人会去一些民营的贷款公司，这种机构不管正规与否，贷款利率一般在24%往上。

那么，对于普通人来说，贷款利率多高才算高呢？

在这里，我们可以参考《最高人民法院关于审理民间借贷案件适用法律若干问题的规定》的说法：年利率低于24%（相当于月息2分），法院支持；在24%~36%（相当于月息3分）之间，法院处于中立地位。

也就是说，依据个人信用资质的不同，以及申请的贷款品种的不同，国家是允许贷款利率有一定浮动的，但最好还是控制在24%以内。

如果你申请的贷款年利率超过24%，一旦引发纠纷，法院采取的态度会是：如果你已经按约定还本付息了，但事后想要回，法院不会支持。反之，如果出借人想通过非法手段索要此部分高额利息，法院也不会支持。

而如果你申请的贷款年利率超过红线36%，法院的强硬态度便立刻显现，即不论何种情形，都一律不予支持。

换句话说，在选择和办理贷款时，产品是否合规，利率是否过高，都可以用年利率不超过24%这一原则来验证。

要想办理贷款的时候不被"坑"，有几个原则需要记住：

第一，别听信先付款再贷款的要求。这类贷款中的"坑"是最常见的，他们通常会提前收取借款人的服务费、材料费、保证金或者抵押金等，并承诺随后立即发放贷款。但实际上，银行柜台贷款、网络贷款或者贷款服务平台都不会先收费，也不会在贷款本金中先行扣除利息、逾期利息、滞纳金等。

第二，别听信所谓的无条件贷款。贷款机构要保证利益，必须控制风险，因此审核借款人资质是必要的一环。很多非银行贷款平台虽然要求相对银行更低，但也需要确定客户信用良好，有还款能力，才会发放贷款。

而这种无条件贷款，更多是非正规机构打的噱头，或是骗子诱骗资质不好的借款人上当的伎俩，一旦你去申请，很有可能陷入"套路贷"或"空贷"的陷阱中，不仅拿不到贷款，反而被别人骗取了财产。

第三，别被"超低日息"忽悠。绝大多数可以获得贷款的渠道，都会打出"超低日息"的概念，但实际上，无论日息看起来有多低，都需要换算成年息才能确定最终的年化利率。也有一些机构，虽然明面上标注的利息极低，但贷款时需要交各种手续费，转化成年利率一样很高，如果没有提前询问清楚，就容易上当受骗。

利息那么高，为什么还有人去借？

2019年中央广播电视总台"3·15"晚会曝光了"714高炮"①这类高利贷。其实即便不如"714高炮"那么夸张，现在各个网络平台的贷款利率动辄年化百分之二三十，也是让人没法轻易承受的。甚至是腾讯微粒贷、阿里蚂蚁借呗以及各种信用卡分期等，折算下来年化利率也要接近20%了。和银行理财平均4点多的预期年化收益率相比，你就知道这些贷款利率有多高了。

那为什么还有那么多人去借这些贷款？

贷款平台们藏匿在"砍头息"②、手续费之下的高额利息，贷款者在贷款之前没能及时了解透彻也符合常理，毕竟贷款平台的套路多呀。

当然，对于多数保守的中国人来说，没事谁会想着去借钱呢？说到底还是因为各种原因，被生活逼到了必须去到处借钱的份儿上。而对于存款低、信用记录不全、工作不稳定的群体来说，想从银行借到钱是极其困难的。当一个人真的很缺钱时，如果身边的朋友不帮忙，他似乎也只能求助于网络贷款平台了。我们听过或者目睹过太多这样的例子：因为贷款还不上，导致后来以贷还贷，用另一个窟窿补前一个窟窿，结果窟窿越来越大，以至于最后家破人亡。

如果能让自己不陷入那么缺钱的境地，也就可以摆脱因为借钱带来的一系列风险。

生活中很多人缺钱是因为管不住自己的消费欲望，明明月薪只有三千却非

---

① 714高炮，指那些期限为7天或14天的高利息网络贷款。
② 砍头息，指的是高利贷或地下钱庄，给借款者放贷时先从本金里面扣除一部分钱，这部分钱称为"砍头息"。

得过得像月薪三万的生活水平，硬生生过成了"负一代"。成年人总要为自己的行为负责，有本事打肿脸充胖子，不顾实际情况地不断买买买，就得承担自己因此背负的高额债务。

不过也有些人是无奈之举，被突如其来的疾病打得措手不及。但是既然不那么富裕，就更应该事先为自己的人生可能面对的重大风险建立好屏障，一份保险就可以解决，均摊到每天也就是几块钱，多数人还是出得起这个钱的。

另外还有一种人，对自己太过自信。借贷款时他们觉得，也就是借来周转几天，过几天某个项目就有笔钱下来了，或者某个投资就要赚钱了，还上这笔钱一点压力都没有。这样的人对于风险没有敬畏之心，最终也很可能被风险压垮。

最后，给大家一句忠告：人生千万种，平安第一种。贷款不谨慎，亲人泪两行。

为什么说房贷是人一生中能借到的最便宜的钱？

很多年轻人在买房的时候，看到银行算出来的房贷计划表就感觉自己被"坑"了：怎么无论是等额本息还是等额本金，我要还的利息都和本金差不多了？并且还贷时间基本是20～30年，大半辈子都搭进去了，真的很不划算。

确实，现在购房商贷利率普遍在4.35%～4.9%，贷款30年，所还利息就会超过本金。而且明明贷款20年要还的利息更少，为什么很多人劝你贷满30年，还说房贷是普通人一生中能借到的最便宜的钱呢？

首先，你只看到了这几十年过程中需要偿还的本金和利息，却没有把通货膨胀的因素考虑进去。

根据央行公布的历史数据，从2007年到2018年，中国广义货币M2年均增速为15%，包含影子银行以后，真实货币增速可能接近20%，而同期的GDP名义平均增速约为12%左右。

也就是说，按照M2增速与GDP增速之间的差距，人民币购买力平均每年贬值6%～7%。换言之，100元人民币在10年、20年、30年之后，将分别贬值为：48元、23.4元、11元。

以此推算，如果你买了一套房子，做了30年的按揭，每月还款1万元，那么10年之后你每月实际还款金额，只相当于按揭时的1/2左右，也就是每月4800元了。对于绝大多数正常家庭来说，买房子真正有压力的按揭期只有最初的10年，以后的岁月将越来越轻松。

如果你还不能理解，不妨想想10年前的1万块到底有多值钱，而如今的1万块，又能干吗？

另外，房贷真的是普通人所能接触到的贷款品种里，利率最低的产品了。

前面分析过，信用卡分期付款，真实利率一般在14%以上；到银行或互联网平台借钱，年利率一般在7%～18%之间；如果是民间融资，年利率就更高了。而如果你用公积金贷款买房，年利率为2.75%～3.25%；商业贷款买房，年利率为4.85%～4.9%；即使是二套房上浮20%，也仅为5.8%左右。

所以，别看房贷还款的总额看起来挺吓人，但它给你的利率与其他融资渠道相比，实在是太低了。

最关键的是，从理财的思维来看，你完全可以用房贷节省下来的现金流，赚取更多的收益。

假设买一套143万的房子，贷款7成也就是100万左右，选择等额本息30年按揭，按4.9%的利率来算，每月需要还款5307元。

而如果你不一次性全款买房，把这100万拿去理财投资，只要投资收益能超过4.9%，那每个月的收益加上工资就足够供房了。30年后，你不但还完了贷款，还保留了这100万本金。相比一次性全款买房，相当于白白赚了100万。

从这个角度来看，30%首付和70%房贷不仅算不上一种长期的负债压力，反而是你人生中最为合理的资产配置选项。

很多人之所以都在为30年的房贷发愁，是因为他们只看到"负债"所带来的利息压力，而没有意识到在通货膨胀、房价上涨的大背景下，房贷不仅不再是一种"负债"，反而是让财产保值升值的明智选择。

总之，别再为房贷时间的长短而苦恼了！这笔你人生中能借到的最便宜的钱，能借满30年，就一定不要错过。

用不好公积金，就会白白损失几十万？

每年的7～8月，细心的上班族就会发现自己到手的工资比之前少了一点，这是因为国家每年从7月1日起开始调整住房公积金的缴存基数。

住房公积金，即我们常常说到的"五险一金"中的"一金"，是职工工资和福利的重要组成部分。

按照规定，每年7月，住房公积金都会迎来一次缴纳基数调整。很多公司会根据员工上一自然年度的月平均工资，为员工调整其公积金缴存基数。

所以，如果你在过去的一年里涨工资了，那么在基数调整之后，你从7月开始每个月缴存的公积金金额也会变多，到手的钱会变少。

当然，也有很多公司是按一个固定的基数来给员工缴纳住房公积金的，那上述的基数调整就不适用于他们了。但即便是这样，你也已经比全国90%的人都幸福了。

为什么这么说？

据中国住房与城乡建设部、财政部、中国人民银行联合发布的《全国住房公积金2018年年度报告》，目前全国只有1.44亿人在实缴公积金，全国给员工实缴公积金的单位加起来也就291.59万个。按此推算，我国缴纳公积金的人口比例其实很少。

大家都知道，住房公积金绝对是个好东西，无论是买房还是租房，早晚都用得上。但从2018年的数据来看，不仅缴存公积金的人很少，善用公积金的人也不多。

2018年，全国一共发放住房公积金个人住房贷款252.58万笔，总计1.02万亿元，住房租赁提取人数766.44万人，总计提取了730.4亿元。而2018年全国销售的新房总面积高达14.6亿平方米，二手房成交套数也高达420万套，交易面积3.95亿平方米。粗略算下来，在2018年买房的人群中，用到公积金的不会超过10%。但实际上，如果用不好住房公积金，刚需购房压力会大很多。我们在上一节已经指出，商业贷款买房的年利率为4.85%～4.9%，而用公积金贷款买房的年利率仅为2.75%～3.25%。

除了买房、租房之外，根据各地政策不同，住房公积金还可以提取用于房屋翻建或大修；子女购房可以提取父母的公积金；当本人、配偶、子女、父母患有规定的重大疾病时，也可以提取公积金用于治疗。

另外，公积金交得多，实际上也是在帮你避税，因为个人所得税是根据扣除五险一金后的金额来计算的。多缴公积金，当月到手工资变低，所得税也就低了。

最重要的是，在这个高房价时代，如果买房的时候用不上公积金，那就相当于白白损失几十万。

所以，在缴纳和使用公积金前，一定要了解所在地的政策等情况。缴存一定的期限以后，当你想动用你的公积金时，也一定要想清楚自己当下的需求，做好相应的规划，不要随便乱用。

为什么我的征信没问题，申请房贷却被拒？

前面解答了几个关于房贷的重要问题，但对于很多年轻人来说，还有一个细节关系到你是否能顺利申请到房贷：银行流水。

我曾经就遇到过这样的案例：有一对年轻夫妻都已经看好楼盘，也筹齐了首付，结果到了申请房贷的时候，被银行拒绝了。银行之所以拒绝放贷，是因为这对年轻夫妻中，丈夫是自由工作者，妻子又刚换了新工作，前几个月是失业状态，没有收入，鉴于此，他们的银行流水不达标，银行对他们的还款能力存在质疑，所以拒绝放贷。由此可见在买房的过程中，保持稳定的银行流水是多么重要！

那么，什么是银行流水呢？

银行流水其实就是银行卡上的每一笔存款、取款、消费、转账信息等形成的交易清单。其中，最重要的是有写明"工资"或者"代发"字样的流水。当你向银行申请贷款的时候，银行一般会要求提供3～6个月的银行流水。

拿到你的银行流水数据之后，银行的风控部门就可以根据你的流水来判断你是否有稳定的收入，是否有足够的偿还能力，进而决定是否贷款给你，以及贷款额度大小。

怎样查询、获取你的银行流水呢？

你可以携带本人身份证和银行卡，到银行卡所属的银行让工作人员帮你打印，也可以到营业网点的自助查询机自行打印。有的银行支持App直接查询并发送电子版的银行流水清单。

需要提醒的一点是，无论是工作人员打印还是自主查询打印的银行流水，都需要银行加盖公章才有效。

相信很多读者最想知道的是，如果银行流水不够，不能贷款买房怎么办？

我有几个方法可以供各位参考：

1. 增加共同还款人。如果本来计划夫妻其中一方还贷，但银行流水不够，那可以尝试双方共同还贷，只要两人的银行流水加起来是达标的，就可以了。

2. 提高首付，把贷款额度降低到还款能力范围之内，这样银行通过的可能性会比较大。

3. 如果没有固定流水，可以尝试往银行卡一次性存入一笔金额比较大的存款（具体金额可根据银行要求而定），提高银行卡的余额数值，银行或许会因此通过审核。

4. 提供符合要求的有效担保，比如汽车、基金、保险等。

最后，要叮嘱各位的一点是，不要冒险在银行流水上作假。一旦被银行发现，不仅申请不到贷款，还会被银行拉入黑名单。就算暂时蒙混过关申请到贷款，如果银行日后发现了，不但贷款会被收回，还要缴纳违约金，并且这是触犯法律的行为，银行可以以"骗取贷款罪"对你进行起诉。所以不要轻易以身试法，拥有"健康"的银行流水才是最实际的办法。

杠杆是什么意思？为什么要去杠杆？

什么叫杠杆？

如果你之前没有接触过太多经济学知识的话，你所理解的杠杆一定是像阿基米德的那句名言所说的那样："假如给我一个支点，我就能撬起地球。"

在物理学中，所谓的杠杆就是指通过调整动力、动力臂、阻力、阻力臂的大小，从而达到省力或者省下施力动作距离的效果。而经济学中，也有杠杆的说法，这里的杠杆可以简单地理解为借力思维。或者用最通俗的话来说，杠杆就是负债，就是借钱办事。

那么，什么是加杠杆呢？

假设小A打算投资房产，看中了一套价格为400万元的房子。但他现在手上只有100万元，按二套房首付50%的比例，根本付不了首付，怎么办呢？正好中介打来电话，和说他可以进行首付贷，贷款100万元，利率8%。于是小A拿着这贷来的100万元加自己手上的100万元，交了这套房的首付，再从银行用5%的利率贷款200万元，买下了这套房。中介的100万元贷款和银行的200万元贷款就是小A在这桩买卖里加的杠杆。

加杠杆的行为为什么会发生呢？说到底是因为能力支撑不起欲望。

用自己的钱付首付，并向银行贷款买下房，这样在自己能力范围内加杠杆的行为很好理解。毕竟大部分人打拼几十年才能买得下一套房，而一辈子太短，谁不愿意提前享受这份"居者有其屋"的舒适呢？

但是例子中的小A，双重加杠杆会带来什么结果呢？

假如一年后房价上涨20%，房价变为480万，扣掉总共18万的利息，小A能净赚62万，对于100万本金来说，年化收益高达62%！

但假如一年后房价一直不涨不跌呢？小A这一年要白白损失掉18万的利息。

再假如一年后房价下跌呢？小A的损失就是房价跌去的部分和所要支付的利息的总和了。

我们可以看到，在这里加杠杆其实起到了一个乘数的作用。它可以放大投资的结果，不管是赚钱或亏钱都会被放大。如果交易行为的结果是赚钱的，加杠杆会赚得更多；如果交易行为的结果是亏钱的，加杠杆则会亏得更多！

所以建议大家不要过度加杠杆，过度加杠杆炒股、炒房、投P2P或做其他投资而亏得一塌糊涂的例子实在太多了。

另外，当整个国家的企业和个人的负债率都过高的时候，监管部门也会通过相关的方式对整体的杠杆率进行控制。因为对于杠杆使用过度的企业和个人来说，资产价格的上涨可以使他们轻松获得高额收益，但资产价格一旦下跌，亏损则会非常巨大，超过资本，从而迅速导致企业破产倒闭，个人损失也会很大。

所以，加杠杆也不是无限制的，一旦高到一定程度，就会引发系统性的金融风险。而为了逐渐减少金融风险，让经济回归正常发展，国家就必须要去杠杆。

我的房贷，该不该提前还掉？

上一节聊到了"去杠杆"，一说起这个，我就会想起大家经常咨询的另一个问题：我手头有一笔钱，要不要提前把房贷给还了？

不可否认，房贷确实让不少年轻人"压力山大"。一方面，很多人被房贷压弯了腰，生怕丢了工作或收入降低供不起房。所以辛苦打拼了几年攒下一些钱以后，总想着提前还贷以解决掉这个心头之患。

那么，提前还清房贷究竟是不是一个好的选择呢？

首先，我在之前的章节已经分析过了，总体来看，我国房贷利率一直维持在一个较低的水平上，房贷其实是我们普通人一生中能借到的最大额、利率最低的钱了。如果使用了9折、8.5折等利率优惠，或者是使用了公积金贷款，就更是如此了。

从这个角度来讲，如果提前还贷，其实损失的是一种较低利率的借款机会。其实也就损失了将这笔钱投入到其他投资渠道中可能获得的较高收益。而且如果提前归还了这笔钱，后续生活中急需用钱的话，很可能要通过别的利率更高的贷款来解决，损失就更大了。

再者，大多数银行在房贷的还款方式上默认的是等额本息还款法。等额本息法的特点，是将本息总额分摊到每个月中，每个月的还款额是一样的，但每月还款额中的本金比重逐月递增、利息比重逐月递减，也就是说大多数房贷，前期还的主要是利息。在这种情况下，到了还款中期，其实已经归还了大部分的利息，剩下的金额以本金为主。这个时候再去提前还贷，已经没有多少意义了。

可是生而为人，理性之外还有感性，以及对未来的恐惧。很多人之所以总是想着提前还清房贷，就是不想未来30年都活在欠债的阴影之下。而且对于相当一部分人来说，人生中收入的高峰也就30～40岁这10年时间，趁能挣钱的时候，抓紧攒钱提前还了，以后老了想做自己喜欢的事，难道不好吗？

确实，如果压力太大以至于严重影响日常工作和生活，天天都不得安宁，那么还是提前还贷吧。毕竟心头的压力才是最难过的坎，为了让自己心里舒服一点，牺牲掉一些其他的利益又算得了什么。

需要提醒的是，房贷利率虽然不算高，但也基本在4%～6%之间。如果你是极为保守的投资者，只会把钱存到余额宝，赚取不到3%的年化收益，那确实不如提前还了。反过来讲，对于有其他收益较高的投资渠道，并且风险偏好不那么保守的人来说，用流动性较好的现金去换取流动性较差的房子，则并非是个好选择。再者说，如果短期还有购房计划，或者对未来的收入不那么悲观，想为未来留存一笔风险资金的，也别急着提前还贷。

我有个朋友，婚前买了一套单身公寓，后来手上存够钱了，就提前把房子的尾款付了。可没过多久，这位朋友准备结婚了，此时就面临着买大房子的需求。可是这时他手上几乎没有剩余资金，要买大房子就要先把小房子卖了，可小房子的房产证还要几年才能拿到，这下处境就比较被动了。

所以，要不要提前还贷，还是要根据自己心理承压能力的大小、对投资渠道的掌握以及对于风险的偏好、是否觉得有必要留存风险资金、目前所处的还款周期等情况来决定。

无论最后是否选择提前还贷，都需要提前做好资金规划，合理地安排消费支出，适当地进行储蓄准备，不断增强自身实力，提高职场的不可替代性，才能在风险到来的时候多一分定力。

第七章
银行理财的那些套路

买银行理财产品前应了解哪些信息？

什么是银行理财产品？

专业一点来说的话，银行理财产品是指商业银行在对潜在目标客户群分析研究的基础上，针对特定目标客户群开发设计并销售的资金投资和管理计划。银行只是接受客户的授权管理资金，投资收益与风险由客户承担或客户与银行按照约定方式双方共同承担。

通俗一点来说，银行理财产品就是我们把钱交给银行，由银行代为投资，为我们赚取收益的一种产品。所以你买到的每一个银行理财产品的风险和收益，都直接和该产品的投资方向挂钩。

明白了上面这些前提以后，我们首先可以从产品的投资方向对银行理财产品进行划分，得出货币市场类产品（主要投资于同业拆借、债券资产、银行存款、逆回购、大额存单、票据等）、债券类产品（主要投资于公司债券、国债、央行票据）、产业投资类产品（主要投资于信贷资产、信托产品、股权）、资本市场类产品（主要投资于股票、基金）几个主要品类，风险依次递增。

从购买币种来看，银行理财产品有外币理财产品（美元、澳元、港元居多）和人民币理财产品之分，中国最早的银行理财产品可以说源起于外币理财，但随着理财观念的普及，外币理财产品的市场逐渐被人民币理财产品挤压。

要想以后去银行买理财产品时更有把握，以下几个问题是我们在买理财产品之前，必须向银行销售服务人员咨询清楚的：

1. 这款产品是银行自己的还是代销的？有公章和产品编号吗？通过这个问题，首先可以辨别理财产品的真伪。

2. 这款产品是挂钩的结构性产品[1]吗？如果银行销售服务人员的回答是肯定的，那你就一定要弄明白挂钩的标的到底是什么。

3. 这款产品里的投资方向有股票吗？如果有，证明这款产品的风险评级一般在R3以上了，经验不足的或者希望收益比较稳妥的投资者，最好别买。

4. 最迟在什么时候必须把钱转进来？相当一部分银行理财产品都有自己的募集期，在产品募集期内，你投入的资金是不计息的。因此，在选购理财产品时，要避免募集期带来的收益摊薄，募集期越短越好。

5. 哪天能拿回本金及利息？这个问题主要涉及产品到期日和到账日的区别。到期日是指理财产品的投资截止日，需要注意的是到期日不等于到账日，产品到期后的资金到账日，则大概还需1~3个工作日，大家在安排资金使用情况的时候要充分考虑到期日和到账日之间的这段空档期。

6. 从钱转进来这天开始算，到期后，大概能有多少利息？这里主要牵涉到年收益率和年化收益率的问题。

---

[1] 挂钩的结构性产品是指这款理财产品的最终收益率与相关市场或产品的表现挂钩，如与汇率、利率、国际黄金价格、国际原油价格、道琼斯指数及港股挂钩等。

年收益率是指投资期限为一年所获的实际收益率。而年化收益率是变动的，是把当前收益率（日收益率、周收益率、月收益率）换算成年收益率来计算。看这个公式：年化收益率=（投资内收益/本金）/（投资天数/365）×100%。

举个例子，某款87天的银行理财产品，年化收益率5%。那么投资5万元，到期的实际收益为50000×5%×87/365=595.89元，绝对不是2500元。

总之，银行虽然在推销理财产品的时候总给人一种简单便捷、省时省心的感觉，但并不等于我们买了产品就可以高枕无忧。该问的和该了解清楚的，必须提前做好功课。

理财产品和存款有什么不一样？

随着金融产品的不断创新，银行的理财类产品也日渐增多，令人眼花缭乱。

如今你打开某款理财App，就会发现一些产品看上去很像理财产品，但又宣传自己为"存款"，这让很多用户一头雾水。

毕竟理财产品和存款因为在风险与收益上存在明显区别，对于担心风险的人来说，如何准确区分就显得非常重要。所以接下来我们就好好分析一下理财产品和存款的区别。

首先，两者的收益有本质区别。

存款的增值部分叫作利息，而理财产品的增值部分称为收益，这是最明显的区别。这在客户凭证或产品介绍上都有明显标注，按照监管要求，理财产品、基金或银保产品等只能标注为收益率，即7日年化收益率或年化收益率，仅表示一个预期或历史业绩，并不固定或承诺兑现。而存款利率是固定的，是承诺性的，要么到期一次还本付息，要么分期付息到期一次还本金。

第二，风险不同。

存款属于银行表内业务，按照要求计提存款准备金，缴纳存款保险基金，本金和利息不超过50万的受存款保险条例保护，即保本保息零风险产品。而理财产品（含其他理财类产品）一般属于表外业务，并不计提存款准备金和缴纳存款保险基金，所以不在存款保险条例保护范围之内，属于非保本浮动收益型产品，具有一定风险。

第三，提前支取的条件不同。

任何存款（包括定期、活期、通知存款），存款人均可提前支取，只是按照活期存款利率计算利息，并不需要承担违约责任。而理财类产品中，银行理财产品一般有封闭期，封闭期内无法提前支取，哪怕是支付违约金也不行；新发基金一般也有封闭期，老基金可以随时支取，收益随行就市；银保产品一般提前退保需要支付较大比例违约金，不但没有收益，还可能损失本金。

第四，适用人群不同。

存款适用于所有合法公民或外国居民，即只要是有合法身份的自然人，不论年龄大小和资产多少都可以存款，无须风险测评。而理财产品购买之前必须进行风险测评，符合条件的才能购买，否则不能购买。同时理财类产品的交易要求录音、录像监督，而存款没有这些硬性规定。

最后，理财产品有自己对应的唯一编码，存款则没有这种规定。

银行理财产品都有编码，可以在银行官网或中国理财网（http://www.chinawealth.com.cn）进行查询核实。而存款没有编码，依靠存款凭证或账户进行查询。

净值型理财产品，到底是个啥东西？

前面解释了银行理财产品的设计思路和与存款的差异，有的读者可能会追问这样一个问题：现在银行卖的净值型理财产品是啥意思？而年纪稍微大一点的读者也可能会问：以前银行不都是卖固定收益的理财吗？现在怎么都没了？

首先，解释一下什么是净值型理财产品。从专业层面来看，净值型理财产品的运作逻辑实际上与公募基金一样，不能承诺保本、没有预期收益、没有投资期限，产品每月或每周固定开放，你可以在开放期间内进行申购和赎回。

通俗来说就是：银行卖给你的这款产品，收益是会浮动的，它在卖给你的时候，也不能向你承诺一定能拿到多少收益、一定是没有任何风险的。

你听完可能会吓一跳：不保本、不保息，风险还得自负，那我还买它干吗？为啥不去买那些保本保收益的呢？

这就得向你介绍一下"资管新规"，它是指由央行、银保监会、证监会、外管局等四部委于2018年联合发布的《关于规范金融机构资产管理业务的指导意见》。

根据资管新规的要求，银行售卖的所有理财产品都不能再承诺保本保收益，也不允许刚性兑付了。以后你能买到的理财产品，基本都会是净值型产品。

银行理财为什么不能向客户承诺保本保收益呢？因为所有理财产品不管起的名字叫什么，背后都是有自己的底层资产的，也就是说都是要拿客户的钱去市场上进行投资的。而只要是投资，就会有风险，就会有收益的高低浮动，甚至存在亏损的可能。

以前银行之所以能做到把有风险和有收益浮动的产品包装成保本保收益的产品，一方面，主要是此前银行理财发展的速度太快，为了快速做大规模与同业竞争，银行采取了相对简化的产品设计方式来抢夺客户；另一方面，也是当时的国民经济处在快速发展的时候，绝大多数银行理财产品的底层资产都能按时按量兑付承诺的收益，而且收益率都还不低。

如今，随着我国经济进入了"新常态"，在以前经济高速发展时累积起来的一些风险，开始成为不得不重视、需要拆除的"定时炸弹"。

从金融监管部门的角度来看，如果风险没有得到及时处置，一直在银行理财资金体系里累积，最后就有可能集中爆发，形成系统性危机，受损的反而是广大普通投资者，而这是金融监管部门所不希望看到的。

所以，银行理财在这两年开始了自己的"风险革命"，也就是我们所说的打破刚兑。在这个打破刚兑的过程中，虽然会带来痛苦和损失，但这才是金融市场应该有的常态。

那么，净值型理财产品是不是就压根不能买了呢？答案是否定的，净值型理财产品也可以按风险程度分个高低，不是所有这类产品都是"洪水猛兽"。

从银行的角度来看，在资管新规落地的过渡期，即便是净值型产品，也不可能把风险属性加得太高，毕竟要考虑到广大投资者的接受和适应程度。

而从投资者的角度来看，也应该尽快转变投资观念，按照自己的风险属性来选择适合自己的净值型理财产品，在同等风险下获得最大收益。

银行理财产品有风险吗？如何判断？

银行在售的理财产品，有的是银行自己的，有的是银行代销的。在卖给客户之前，银行会根据产品风险特性，将理财产品风险由低到高分为R1~R5五个等级：

R1（谨慎型），该级别理财产品一般能够保本，风险很低。

R1理财产品为保证本金、浮动收益产品，由银行保证本金的完全偿付，产品收益随投资表现变动，且较少受到市场波动和政策法规变化等风险因素的影响。产品主要投资于高信用等级债券、货币市场等低风险金融产品。

R2（稳健型），该级别理财产品不保本，风险相对较小。

R2理财产品不保证本金的偿付，但本金风险相对较小，收益浮动相对可控。

R3（平衡型），该级别理财产品不保本，风险适中。

R3理财产品不保证本金的偿付，有一定的本金风险，收益浮动且有一定波动。

R4（进取型），该级别理财产品不保本，风险较大。

R4理财产品不保证本金的偿付，本金风险较大，收益浮动且波动较大，投资较易受到市场波动和政策法规变化等风险因素影响。

R5（激进型），该级别理财产品不保本，风险极大。

R5理财产品不保证本金的偿付，本金风险极大，同时收益浮动且波动极大，投资较易受到市场波动和政策法规变化等风险因素影响。

总体来说，R1级风险很低，一般可以保本浮动收益；R2级风险较低，一般是比较安全的非保本浮动类理财产品。这两个等级的理财产品，是大多数人的选择。R3级以上的理财产品由于不能确保本金及收益，具有一定的风险性，在选择的时候要擦亮眼睛问清楚明细，尤其可以关注一下投资方向。这样，才能做到知己知彼，尽量避免陷入理财误区，达到安全理财、健康收益的目的。

买银行理财产品时，有哪些必须警惕的套路？

前面介绍了银行理财产品的具体风险评级分类。但如果你关注社会新闻的话，会发现有不少人在银行买的所谓"低风险"产品也出了问题，有的还闹上了法庭，这又是怎么一回事呢？

其实，实力较强的银行发行的风险评级为R1～R2的理财产品，一般来说风险都比较低。如果按相关流程来购买，问题都不大。而出问题的一般是因为有一部分银行销售服务人员在营销过程中把客户说晕了。所以接下来和大家聊一聊，有哪些银行销售误导的套路是需要警惕的。

首先，"理财变保险"恐怕是最高发的一种套路。

银行通常会和其他金融机构合作，代销其他金融机构的产品。这属于银行的中间业务，是银行利润的主要来源之一。在这些代销产品中，要数保险产品最多。并且对于银行工作人员来说，销售保险产品能拿到的提成也是最多的。所以为了业绩和工资，很多工作人员会努力向你推销保险。很多时候，他们并不会告诉你这是保险，只告诉你这款理财产品风险很低，几年后就可以取出。但当几年后你想取出时，却被告知这是一款保险产品，要退休后或者多少岁以后才可以取出。甚至有些时候，他们还会说当时卖你产品的不是他们银行的人，是保险公司在他们银行的驻点人员。如果到了这一步，你就很被动了。

所以，在决定购买之前，建议大家去中国理财网查一下对应产品的信息。只要是银行自主发行的理财产品，都可以通过产品登记编码在中国理财网上查到。

还有些银行工作人员会向你夸大理财收益。比如某款产品的预期年化回报率范围是3%～9%，他会向你强调这个9%的收益。但他不会告诉你的是：这其实是一款结构性产品，也就是产品的一部分资金大致保障本金，另一部分拿去投资外汇、股票、期货，以博取高收益。所以这个产品基本上是达不到最高收益的，最后大概也就是银行理财产品的平均收益水平。

还有一种情况是，工作人员可能会无视你的风险承受能力，故意回避或者弱化产品的风险。

他们为了卖出有业绩考核的某种风险较高的产品，可能会忽视你真实的风险承受能力，一味地说这款产品的优点，但绝口不提风险有多大。这样做的结果往往就是，你买了和你的需求不符或者风险偏好不匹配的产品。要想避免这种情况出现，还是那句话：在购买之前，一定要了解清楚理财产品的风险等级和投资方向。

以前的银行理财产品大多投资于货币市场、债券类产品等具有良好收益性与流动性的金融工具，这样风险相对较小，实现预期收益的可能性也相对较大。

而未来公募理财产品将可间接投资于股票，投资的范围扩大后，有利也有弊，因此我们在选择产品时一定要查看清楚投资方向。

最后，如果你中了理财的销售圈套，有什么办法可以挽回损失呢？

如果银行确实存在销售误导，可以向银保监会举报，要求银行赔偿损失。若无结果，还可以委托律师介入处理，向法院提起诉讼。

但在实际操作中，是不是存在误导并不好判定。所以最好的办法还是在一开始就避免被误导。第一，不要相信工作人员的口头承诺。第二，要看产品说明书，可能你会觉得看起来太费劲，但最起码，你要在说明书中看清楚产品类型、风险评级、预期收益、投资去向、产品期限这些要素。

赚钱不易，不管在哪个渠道投资理财，都要谨慎，只有多花点心思，才能保证自己的资金安全。

为什么你会买到假的理财产品？

上一节，我们了解了常见的银行销售误导套路。其实在购买银行理财产品的过程中，除了需要警惕销售误导之外，对于假的理财产品也不得不防，这也就是传说中的"飞单"。

所谓飞单，是指银行工作人员利用客户对银行的信任，违规售卖并非由银行官方发行的产品，而是利用银行的品牌背书和客户的信任，从其他渠道获取的产品，以求从中获得高额的佣金提成。

还有一种更恶劣的行为，某些银行工作人员直接向客户推销自己凭空捏造出来的产品，把消费者的钱收入自己和同伙的口袋中。这种行为的性质基本上就等于非法集资了。

除了纯粹骗钱之外，银行飞单大多投向房地产信托、私募股权等高风险领域，所以它们的预期收益率也就比普通的银行理财产品要高出不少。银行工作人员利用人们想要获得高收益的心态，成功虏获了一些客户。而这些买单的客户，有的并不知道实情，有的虽然知道，但还是被高收益打动而走入了陷阱。

在银行买的产品，却没有银行的风控保护，可想而知背后面临着怎样的风险，投资的钱打水漂是再常见不过的事。

这几年，出现过不少飞单案例。其中最为轰动的，要数2017年某银行的"30亿假理财"案了。

据新华网报道，2016年到2017年间，100多名高端用户通过该银行北京某支行行长、副行长、理财经理的推荐，在柜台内购买了"非凡资产管理保本理财产品"，金额总计约30亿。

这款产品乍一听起来，跟该银行在售的理财产品的名称很相似。当时的工作人员介绍称这款产品是因为原投资人急用钱要转让，所以年化回报很高，并且是好不容易从总行申请到的，只对部分高端用户售卖。由于工作人员的这套说辞，以及协议上盖有该银行北京某支行的业务公章，所以投资者当时并没有对"钱直接打给个人账户"这件事起疑心。

但2017年4月，有位投资者联系其在该银行总行的熟人，询问这款保本高收益产品为何只有某支行在卖时，才发现该股份制银行并未发行过这款产品，大家买到的竟然是某支行行长一手伪造的赝品。

这样的事情并非个例。一直以来，银行的制度优势让很多人对银行及其工作人员非常信任，从而忽视了一些潜在的道德风险。

要想避免踩进这样的"假理财"坑，其实也不难。真的银行理财产品都有唯一的产品登记编码，可以拨打银行热线或通过银行官网、银行官方App等官方途径进行查询，也可以在中国理财网上查询到相关信息。

再者，如果你在签合同的时候发现上面的产品管理人不是银行而是某投资公司、私募公司等，或者合同上的公章并不是银行公章，就要万分小心了。

什么时候去银行买理财产品最划算？

如果你已经尝试过在银行买理财产品，那就一定会发现，理财产品的收益是在不停变化更新的。哪怕是同一款"常青"产品，在某个时点的收益率也可能会比平常高出一些。

这么说来，去银行买理财产品也跟去商场购物一样——商场有自己的打折促销季，而银行也有自己的加息揽客季。

事实情况确实是这样。银行理财产品虽然任何时候都可以购买，但一般在季末的时候，银行有"揽储"压力，收益会比平常高一些。而一年四个季度节点中，又以半年度和年度节点最值得大家关注。

为什么会这样？

因为每到季度末、年中和年末等关键节点，银行都会有各种各样的考核目标要完成，其中最重要的一项就是存贷比。所谓存贷比，是指商业银行贷款总额除以存款总额的比值，即银行贷款总额×存款总额。

从银行赢利的角度讲，存贷比越高越好，因为存款是要付息的，如果一家银行的存款很多，贷款很少，就意味着它成本高，而收入少，赢利能力就较差。但从银行抵抗风险的角度讲，存贷比例不宜过高。

以前，银保监会会对银行有75%的存贷比考核指标，导致不少银行要"冲时点"揽储。现在，虽然存贷比指标已被取消，但新的监管办法中还是要求银保监会持续监测银行存贷比的变动情况，当该指标波动较大时对银行进行风险提示或采取措施。

所以银行为了满足不同时点的考核要求，往往会选择贴息的方式吸引客户的资金，所以这个时候你去银行买理财产品，往往会比较划算。

也有一些银行觉得每到季度末就冲时点的做法劳民伤财，因为客户冲着收益把钱转进来赚点短期高收益，到期以后往往就直接转走，到了下一次时点的时候又得花大力气把客户从其他银行那里抢过来。久而久之，客户也精明了，银行也疲惫了，仿佛是恶性循环了。

所以，这部分银行已经调整了考核标准，把固定的时点考核要求改成了浮动平均指标。意思就是，既然觉得时点指标太折腾，那么我就干脆把季度末的指标全部平均到每一天。

这样对银行的工作人员来说，能迫使他们主动提升专业技能，靠真才实学和贴心服务留住客户。

对于客户来说，虽然看起来可能靠单一理财获得的收益不一定有以前那么高了，但因为银行服务的水平上去了，最终还是能得益的。

结构性存款和存款有什么不一样？

简单来说，结构性存款是指在普通存款的基础上嵌入期权等金融衍生工具，通过与汇率、利率、指数、商品等金融标的挂钩，使投资者在承担一定风险的基础上获得较普通存款更高收益的产品。可以用以下公式形象地表示：

结构性存款=基础存款 + 金融衍生品

从公式中我们可以看到，结构性存款尽管包含基础存款，但是因为内嵌了金融衍生品，因此它并不是存款，而是理财产品。它的收益来源于两部分：一是基础存款产生的保本收益，属于固定收益；二是金融衍生品所产生的浮动收益，这部分是权益收益。结构性存款的总收益就是二者之和。

举例来说，某银行曾经在支付宝发行过一款与黄金市场挂钩的结构性存款。该结构性存款金融衍生品部分设置了一个波动区间：

黄金价格从300美元/盎司至2200美元/盎司。

行权条件是：

在这个产品设置的到期观察日前，黄金价格水平若未能突破波动区间，则获得最高收益5.20%（2.17%+3.03%）；若突破该区间，则只能获得保底收益2.17%。

听起来似乎很玄乎，但只要稍微了解过黄金行情的投资者就会知道，过去10年间，伦敦金最低价格为682.41美元/盎司，最高价格为1920.80美元/盎司。

所以，虽然这款产品设置了所谓的波动区间，名义上是浮动收益，但实际上这部分收益几乎是100%能达到的。

结构性存款之所以在资管新规之后走红，原因很简单：它既能满足中国银保监会对理财产品打破刚兑的要求，又能通过巧妙的设计基本达成类似以前固收理财的效果，让已经习惯了买固收理财的客户有一个过渡适应期。

就像前面举例的那款结构性存款一样，银行通过设置一个大概率能够实现较高收益的触发条件，将原本有一定风险的结构性存款变成了固定收益的保本产品。精心设计后的结构性存款，已经改变了"博取更高收益"的初心，而变成稳健收益的揽储利器。用业内人士的话来说："现在的结构性存款，就是银行明明拿着一手好牌，却故意输给你，还往你手里塞钱的游戏。"

当然，中国银保监会也开始意识到银行在这方面动的小心思，并在2019年10月出台了《关于进一步规范商业银行结构性存款业务的通知》，对总量已达10万亿的结构性存款进行了严格的监管。

以后要想再买到这种类保本的结构性存款，基本上是不可能了。

为什么高收益的理财产品门槛也高？

银行、券商、私募、信托等金融机构，除了一般的理财产品之外，还会发行部分收益较高的产品。但通常来说，这些产品的资金门槛也比较高，很多都是几十万、几百万起购，甚至有些产品是专门供应给特定的高净值客户的。

就拿大家最熟知的银行理财来举例。同样一款产品，有的银行会把它分为普通款和尊享款，门槛分别设置为1万元和100万元。但实际上，不管是普通款还是尊享款，如果你看过对应的产品说明书，就会发现两者的底层资产设置并没有多少差别，投资去向及比例是一致的。但是100万起购的，收益可能就比1万起购的高了0.1%。虽然高出的幅度不多，但是也可以看出银行在同一款产品上对于不同资金门槛内客户的区别对待。

在过去，银行一般的理财产品门槛是5万元。自2018年第四季度开始，逐渐有了1万元起购的产品。而如今，随着银行理财子公司的开业，1元起购的产品也开始普及了。换句话说，以前看上去很高大上的银行理财，如今也几乎做到了零门槛，对所有普罗大众开放了。但是银行这些金融机构"为高收益产品设置高门槛"的做法并没有什么改变，这又是为什么呢？

坊间都说银行"嫌贫爱富"，其实银行还真不是这个意思。

首先，银行本身是商业机构，所以高收益产品的高门槛设置也是出于商业利益的考虑。

类似的现象不只局限于银行，在日常生活中也随处可寻：不管是实体卖家、网购平台，还是一些服务平台，都会对用户进行分类。最常见的分类就是VIP和非VIP，因为VIP用户通常能给商家带去更多的价值和效益，所以资源和服务都会更倾向于VIP用户。一样的道理，金融机构主要做的是钱的生意，资金量大的用户也就等同于他们的VIP用户。对于这些高净值用户，他们也就舍得花更多时间、提供更优质的服务来维系。除了高收益，高净值客户还可以从银行获得各种管家式服务。

除了客户分类之外，还有另外一个原因。

拿券商举个例子：券商的集合资管计划分为限定性和非限定性两类。一般来说，非限定性的门槛是10万元，限定性的门槛是5万元。显然，非限定性的门槛是比较高的。但同时，因为它投资于固定收益类和权益类的资金比例是不受限制的，风险相对来说也就比较高。所以，很多时候，高收益不只是对应高门槛，还对应着高风险。

对于有钱人来说，投资的经验会相对比较丰富，抗风险的能力也会比一般的理财群体好，也就更能够接受高收益背后的高风险。从另一个方面来说，就算是银行卖给高净值客户的产品出现了亏损，他们所需要付出的客诉处理成本和机构声誉成本也相对可控。毕竟几十上百人的抱怨，总比成千上万人的吐槽要好处理吧。

银行理财产品和互联网理财产品的区别在哪里？

互联网理财产品本身可以分为几种。

第一种是由非银行的互联网第三方销售平台销售的理财产品，比如在蚂蚁财富、京东金融等平台销售的理财产品。这种销售样品其实跟银行理财的模式基本类似，平台方作为渠道对产品进行审核，并通过销售产品赚取佣金。

第二种是银行在自有的互联网渠道上销售的理财产品。现在各大银行都有自己的App，用户足不出户一样可以在网上理财。除了不用去线下网点办理这个优势以外，很多银行还会针对线上渠道做一些定制的产品或活动，来吸引客户。毕竟到了互联网这个赛场，银行的传统优势往往不太好发挥，而那些纯互联网公司推出的三方销售平台相对来说更容易获得流量的支持和客户的青睐。

第三种就是某些互联网金融公司推出的产品。比如这两年进入整肃调整期的P2P（互联网借贷平台），这类产品曾经在网上风靡一时，成为很多人互联网理财的首选。

第四种最特殊，是某些骗子公司在网上打着理财产品的名义来坑钱的"假理财"。这种理财产品最大的特征就是用畸高的收益率或其他实物、虚拟利益来吸引用户，但实际上它们背后并没有对应的投资渠道和标的。

在这里主要说第一种和第三种互联网理财产品与银行理财产品的区别。

一般来说，由知名互联网公司推出的第三方理财产品销售平台，在理财产品准入和风控把关上还是比较严谨的，总体值得信赖。和直接去银行自有的互联网渠道相比，这种第三方平台提供的产品更丰富、向客户收取的费率更低、客户使用的体验更好、各种五花八门的活动和激励更多。

至于曾经风靡一时的P2P，本来确实可以作为大众理财的有力备选，但由于P2P在高速发展的过程中，因为刚兑的原因，由此带来的资金池期限错配、拆标、假标等乱象更为严重。这两年，监管部门已对P2P领域进行集中的整治和清理，清退了大量不合规的、抗风险能力弱的平台。

所以，在P2P行业整治结束之前，不建议各位再投资此类互联网理财产品。即便是在P2P行业全部整治完毕，行业重新进入良性发展轨道以后，适合投资P2P的，也只是少数风险承受能力较高且有一定投资经验的投资者。

第八章
最适合小白的投资项目

基金有哪几种类型？怎么挑选靠谱的基金？

我们在市场上常见的基金可以分为6类：

1. 股票型基金

根据证监会规定，股票型基金的股票持仓必须在80%以上，也就是不管行情好不好，必须买满80%以上的股票。因此，股票型基金的风险较大，没有一定风险承受能力的投资者，不建议投资。

2. 混合型基金

相比股票型基金，混合型基金没有股票持仓限制，根据基金经理的搭配，股票、债券、货币理财都可选择，基金的收益完全看经理的表现。

3. 债券型基金

债券持仓量80%以上的，都可以称为债券型基金。具体根据持仓量多少，可以分为纯债基金和偏债基金。一般来说，偏债基金有部分投资股票和理财，跟混合型基金有些重合，但总体风险相对还是要小一些。

4. 货币型基金

货币型基金主要投资于债券、央行票据、回购等安全性极高的短期金融品种。我们最常使用的余额宝，就是目前全球体量最大的货币型基金。

5. QDII基金

QDII基金是指在一国境内设立，经该国有关部门批准从事境外证券市场的股票、债券等有价证券业务的证券投资基金。由于我国有严格的外汇管制，个人投资国外的股票和债券存在很多限制，通过QDII基金来投资会是不错的选择。当然，因为是投资国外市场，所以这一类基金的风险也相对更大一些。

6. 指数型基金

所谓指数，是指根据某些采样股票或债券的价格所设计并计算出来的统计数据，用来衡量股票市场或债券市场的价格波动情形。而指数型基金，就是以特定指数（如沪深300指数、标普500指数、纳斯达克100指数、日经225指数等）为标的指数，并以该指数的成分股为投资对象，通过购买该指数的全部或部分成分股构建投资组合，以追踪标的指数表现的基金产品。

基金品种这么多，应该怎么选呢？

首先，应该熟练运用第三方评级网站，查询基金的对应评级。只要拿到了基金专属的数字代码，就可以去这类网站上搜索相关基金的评级情况，并将其作为重要的参考依据。

其次，查询对应基金所属基金公司的情况。基金公司的历史、规模、品牌和负面新闻，在网上都可以直接查到。在选择可靠的基金之前，筛选出实力相对雄厚的基金公司也是很关键的一步。

第三，查询对应基金的基金经理的情况。一只基金最重要的是基金经理，所以在投资之前，尽量了解清楚基金经理的从业年限和过往投资经历。

最后，查询对应基金的资产配置细节。在购买基金之前，一定要查清楚对应基金的投资配置情况，这样才能让你结合自身的风险属性，找到最适合自己的基金。

都说基金能赚钱，为什么我买基金总亏钱？

有两个统计数据，经常会被基金圈的人拿出来说事。

第一个统计，关于基金到底赚不赚钱。有90%以上的基金成立以来面值是超过发行价的，其中偏股型基金在过去10年的平均年化回报率达到15%。也就是说，大部分的基金都是赚钱的，尤其是偏股型基金，还赚了不少钱。

第二个统计，关于有多少基民在基金投资里赚到了钱。基金业协会给出的数字是30%。也就是说，大部分基民都亏钱了。

基金赚钱，基民却亏钱，问题到底出在哪儿呢？

答案是：择时。

圈内人说，都怪基民爱择时，说白了就是追涨杀跌，高点加仓，低点"割肉"，以至于长期都没有赚到钱。也就是说基金没有错，要怪就怪基民自己不懂还瞎买卖。基金公司没责任，有责任的话最多也就是投资者教育工作不到位。

但是我完全不同意这种观点。基金是什么？基金是专业的财富管理人在帮我们做理财，如果财富管家能够很好地择时，我们何必自己择时呢？但事实是，许多基金的风险管理做得很糟糕，赚钱的时候一鸣惊人，亏钱的时候一败涂地。阶段性浮亏超过20%、30%以上的产品一抓一大把。

另外还有一件事情是，越来越多的基金经理承认自己的局限性，淡化甚至放弃了择时。意思就是基金经理只管选股票，做好长期业绩，至于基金的阶段波动，他们不管。

那谁来管波动的问题？别说浮亏20%、30%了，就算只有10%的浮亏，也已经超出大部分人的承受限度了。如果超过三个月浮亏，大部分人是没有耐心持有这只基金的。

所以，以后基金圈内的专业人士们不要再嘲笑理财者追涨杀跌了，正因为他们作为财富管家没把事儿做明白，我们才无奈撸起袖子自己干。

那么，该怎么解决基金波动大这个问题呢？目前来看有几个方法：

第一个是在基金产品的基础上做组合。包括公募此前推出的FOF①，各种机构推出的投资组合，等等，其实主要目的都是为了降低波动，改善投资者的持有体验。

但是这些组合降低波动所采取的方法，虽说是做合理的资产配置，其实还是要靠择时。这就又回到了那些基金经理没解决的难题——择时之难，难于上青天。

第二个方法是基金定投或者分批建仓。

基金定投很好理解，每个月发了工资后，固定拿出一笔钱来做投资。

分批建仓就是你现在手里已经有了10万元，分几次投入，完成你对这只基金的投资。

这个方法虽然并不是赚钱神器，但是可以改善持有体验。由于此法的主动权在你手里，所以能否坚持定投或分批建仓很重要。

最后一个方法，是把主动权还给基金公司。

比如采用封闭式运作的模式，即使封闭期内有波动，因为不能赎回，基民失去了决策权，倒也落得省心。

总之，买基金要树立追求长期回报的观念，选好基金选好方向，让时间去

---

① 基金中的基金，Fund of Funds，简称FOF，与开放式基金最大的区别在于FOF是以基金为投资标的。

证明收益，不要因为一时涨跌就乱了手脚。

基金业绩有涨有跌，为什么还是比直接炒股好？

看完前面几个常见的基金问题解答，估计有读者要嘀咕了：这么看起来买基金就是把钱交给基金经理，让他帮我们去投资，尤其是那种股票型基金，不就是让基金经理帮我们去炒股吗？既然基金经理自己都不能保证基金业绩的长期稳定，那我为什么还要花手续费提心吊胆地让他帮我去操作，自己直接去炒股不就完了吗？

是啊，很多人都觉得股市没什么门槛，然后又被形形色色的"暴富神话"所吸引，更愿意自己亲手去投资股票。

对于这种想法，我只能奉劝一句：对于金钱的贪念人人皆有，但如果缺乏基本的知识体系和经验积累就贸然入市，只会给自己带来灾难。

为什么这么说？

首先，炒股其实是个高体力要求的活。

不说把市场上的股票全部看一遍，仅仅只是跟踪自己长期关注的那几只股票，就需要相当稳定、长期的时间和精力投入。除了已经退休的叔叔阿姨们，多数散户本就俗事缠身，没有多余的时间来关注这些最基本的信息和资讯。

其次，炒股是个高知识门槛的活。

大部分散户没有财务、证券知识，只是人云亦云，听周围的人说买了某只股票赚了，就盲目跟风，甚至有人卖了房子去炒股，以为随便买哪只股票都能赚，根本不去分辨消息的可靠性。

当然，很多人会反驳，散户不专业，但那些专业出身的基金经理们，也没见着比我们厉害多少啊。

实际上，管理一只基金的难度，本来就比散户拿几十万炒股要复杂太多。说基金经理不如散户，就是在拿"游击战术"质疑"正规军"的实力。

最后，炒股是个高情商门槛的活。

几乎每个散户都存在某种程度的侥幸心理，认为自己某种程度上可以超脱于市场，以独立的视角来观察市场从而获利。但一旦市场出现散户意料之外的波动，就会把他们的脆弱与恐惧无限地放大。诚然，市场投机本身就是一种与情绪博弈的游戏，多数散户只看到了投机成功后的高收益，却没有想过投机带来的风险可能是自己根本承受不起的。

股市是个放大人性贪婪和恐惧的搏杀场，而人们又往往不愿意充分地认识、反省自己。所以，我从来都不建议没有经验和风险承受能力的散户去炒股，真要想分享股市的红利，老老实实买基金是最好的选择。

基金经理既然这么厉害，为什么还要打工赚钱？

上一节说到普通散户去炒股，肯定不如基金经理专业。相信肯定会有读者说，道理我都懂，但每年还是有那么多基金处在亏损状态，是不是因为操盘的基金经理不够专业？如果他足够优秀，自己赚钱就好啦，为什么还要给基民们打工？

这个问题，就好像你问一个顶级厨师为什么不自己开饭店，问一个顶尖英语老师为什么不创立一家新东方一样。

资产管理和餐馆、教育业一样，都是一个高度产业化的行业。普通人所能看到的，只是这个产业公布在外的看似最关键的一环，其实还有很多很重要的环节你没有看到。

　　基金业绩表现的差异，除了你能看到的基金经理的能力，背后还有公司自身的规模效应和专业分工深度。这里所说的规模效应不只是基金公司的资产规模，还有投资团队的研究实力。

　　日常盯着K线图炒股的普通人会觉得投资是件很孤独的事情。职业化的资产管理，最后的投资决策可能是一个人做出的，但决策之前投资研究的过程，绝对需要整个团队的分工协作。

　　从投资组合的建立，到投资标的的跟踪和研究，都需要耗费大量的时间和精力。投资、研究、交易的每个环节，都会有不同的队伍分工。研究员团队负责基本面研究、实地调研、高频跟踪；基金经理负责结合账户要求和市场环境维护组合；交易团队负责根据每日市场盘面情况完成基金经理的买入或卖出指令。这三者的相互配合，才决定了一只基金的业绩表现。

　　另外，专业的资产管理公司所能提供的交易平台和交易工具，也是普通投资者无法想象的。比如新股的网下申购、大额折价定增、债券投资、量化交易，等等。

　　最重要的是，资产管理公司还可以享受到卖方专业的研究服务，第一时间掌握各种市场的信息，这对于瞬息万变的股市来说，是非常重要的。试想一下，当你还在雪球网上看资讯聊八卦的时候，基金经理们早就先人一步完成交易了，这种优势，如何超越？

　　每一个优秀的基金经理背后，都有一个更为优秀的团队和平台在作支撑。或许这就是传说中的"离开了平台，你什么都不是"。

为什么基金定投是适合普通人的理财方式？

基金定投，就是定期投资基金，旨在通过分散多次买入来拉低整体成本，然后到了牛市把这些低价买入的资产高价卖出。在市场行情低迷的当下，通过定投，能够买到低价的筹码，布局未来。

普通人最适合通过基金定投理财的原因是，绝大多数人根本没办法准确预测市场的走向，所以干脆不去预测，定期买进基金，把整体的成本摊平，获得一个中规中矩的买入成本。

可以说，基金定投是一个笨方法，使用基金定投，我们的成本绝对会比在最低点附近买入基金的人高。所以很多人不想采用这样的笨办法，结果就是常常发现自己抄底抄在半山腰上，一旦市场出现波动，只能选择"躺倒装死"或者"忍痛割肉"。但选择基金定投的话，哪怕市场出现了黑天鹅事件，股价暴跌，基金业绩惨不忍睹，投资者也可以继续买入，摊平成本。

除了整体买入成本比较低以外，基金定投还有一个优势就是，使用基金定投的投资者，心态会比较好。因为只要在每一次下跌时都能继续坚持定投，最终都是在拉低你的平均投资成本。

所以市场行情不好的时候，比起直接在股海里浮沉的投资者，基金定投的投资者往往更加淡定，能坚持到下跌结束，市场行情扭转。

当然，如果你确信自己有一定的投资能力，有把握踩准市场的波动节奏，那的确没必要采取基金定投的方式获取收益。

其次，定投贵在坚持，因此只适合对于基金定投这个理念十分认可的投资者，否则很容易半途而废。毕竟基金定投要经历很长的一段熊市，在这期间，投资者极有可能面临浮亏，在市场下行的时候，买得越多，浮亏的金额就越大——但实际上浮亏金额占整体的比例是在减少的。如果对基金定投不是十分认可，就很有可能停止定投，甚至卖出止损。那么这个半途而废的基金定投，多半就是一次失败的投资。

最后，基金定投是定期投资，所以投资人必须有稳定的现金流，如果有钱的时候多投，没钱的时候少投甚至不投，就不能很好地拉平成本了。

当然，要想通过定投赚钱，还有两个必须掌握的诀窍。第一是要把握好入场的时机，尽量做到逢低布局，逢高止盈。第二要选对基金，可以根据三方评级、历史业绩、基金规模、基金经理经验等进行多方面考量。

如果你踩准了入场时机又选对了基金，那么定投赚钱就只剩下时间问题了。

基金定投，赚到多少收手比较好？

看到自己定投的基金赚钱了，应不应该卖掉呢？

我认为这是一个没有标准答案的问题。因为无论市场行情如何，每个人投资能力的不同会导致对市场的判断不一，而且每个人对收益的期望值是不一样的。有人认为收益率达到20%可以止盈，有人认为15%就可以止盈，有人则更保守。

不过无论如何，基金定投是需要设置止盈点的，因为赚到钱之后收手这是人之常情，但是赚多少钱才适合收手却是见仁见智，我在这里提供一些设置止盈点的思路供大家参考。

首先，最重要的是你买的什么基金。如果你买的是货币型基金，设置止盈点就没有必要了。因为它一般来讲就是保本，并且收益率波动幅度不大。如果你买股票型，混合型等类型的基金的话可以设置止盈点，因为这些基金收益率波动很大，而且不一定能够让你保本。

那么，有哪些常见的止盈设置方法呢？

第一种是按指数设定止盈点。比如根据市盈率高低选择买卖点。打个比方，低于15倍市盈率买入，高于20倍市盈率卖出。

还可以根据市场点位来设置止盈点。比如你今年看好上证指数能够涨到3800点，现在是3100点左右，那你肯定会在大盘处于更高位的时候才卖出，比如从3600点开始分批卖出。

第二种是按照目标收益设定止盈点。这个就简单了，根据自己目标收益率设置止盈点，例如收益率达10%就卖出。这种方法就像前面讲的那样，没有绝对的好与坏，需要根据你自己的情况来定。

根据自己认为的收益目标来定夺，而不是根据市场行情来定夺，本质上这种方法更主观。比如你认为10%的收益很不错了，即便全世界都认为大盘还要涨很久，但因为个人偏保守的投资风格，你还是会卖掉基金。因为你觉得，只要确定能赚到钱，那么少赚一点也不是问题。

第三种是价值平均策略。某些资深的基金投资者，会在每月投入的基础上，增设资产增速轨迹，定期按目标值调仓（跌就增投、涨就减持），这是一种自带止盈过滤的智能定投策略。运用这种方法的人比较少，更多人还是采取第一种和第二种方式。

必须说明的是，以上这些方法不是万能药，它们只是投资基金设置止盈的可选方案。无论你用哪一种方法，都很难确保你一定卖在最高点。这就像人生一样，不要后悔踏出的每一步。

其实，从绝大多数人的投资实践来说，能够做好止盈，就已经战胜了80%以上的基金投资者了。有句话说得非常妙：会买的是徒弟，会卖的才是师傅！

看到好的基金就买，闭着眼睛投，这样对吗？

大家都知道，无论任何投资，都要先对投资风险有理性的认知。只有认清了风险，做好了准备，当风险来临时才不会手忙脚乱。

尤其是面对基金这种产品，虽然基金经理的管理能力很重要，但市场波动的客观因素很难避免，再优秀的基金经理也可能会出现亏损。所以，就算你看中了一只感觉非常不错的基金，也不能闭着眼睛直接买进。

首先，既然基金是不确定收益的投资，就一定要控制好仓位，在资金比例上不宜重仓，更不宜重仓个别基金。投入基金的资金仓位多少合适，要结合自身风险偏好来看。

保守型的投资者，如果无法接受亏损，建议不要投股票型基金或者混合型基金，货币型基金或者债券型基金更适合你；稳健型的投资者，可能希望在承担一定风险时获得一定收益，股票型或混合型的基金投资的仓位建议控制在20%左右；积极型的投资者，可能希望在承担较大风险时获得较大收益，股票型或混合型的基金投资的占仓位建议控制在30%左右。

解决了资金比例的问题，有读者估计会问：那我看中了就买，只不过每只少买一点，可以吗？

实际上，普通人持有基金的数量也不宜过多。

我发现有很多人动不动就买十几只基金，但并不赚钱。过度分散持仓，有可能会过度分散盈利，而非分散风险。而且配置了那么多只基金，也没有那么多时间和精力去打理。

著名基金研究机构晨星公司曾做过一个虚拟的投资组合：基金个数从1到30不等，同时更换组合中的基金品种，然后分别计算每个组合5年的基金业绩波动程度。结果显示，数量较多的基金组合通常收益和损失较大，数量较少的基金数组合波动更低，即业绩更稳定。

那同时持有的基金数量是不是越少越好呢？

其实也不是。如果你只持有一只基金，波动往往会比持有几只还要大。从长期效果来看，全仓持有一只基金基本等同于一场赌博。每增加一只基金，业绩波动程度可以得到明显改善，虽然回报率会降低，但投资者可以不必承担较大的下跌风险。但是当投资组合增加到7只基金以后，业绩波动程度随着个数的增加并没有出现明显的下降。也就是说，基金数量超过7只以后并没有达到分散风险的结果，反而会使盈利下降。可见，持有7只以内的基金是比较合适的，超过了7只，可能会分散盈利。

但说实话，对于普通投资者尤其是入门不深的基金小白来说，同时配有7只基金都算超标了，毕竟投资能力和经验都还跟不上，而且7只基金需要花费大量时间去研究。因此，我的建议是，买基金一般控制在5只以内就可以了。如果刚开始投资基金的话，建议先从基本的指数型、股票型和债券型基金入手，持有两三只基金就可以了。

为什么巴菲特的最爱是指数基金？

2008年，巴菲特曾经在网上发起一个赌约，赌注100万美元，赌约内容是：由职业投资人任选5只对冲基金，在未来10年的时间里（2008~2017年）这个组合的平均收益如果能超过标普500指数基金，将可获取100万赌注。

为什么被称为股神的巴菲特会看好一只看起来资质平平的指数基金，而不是那些明星基金经理掌控的基金呢？因为巴菲特认为即使是专业的基金经理，长期来看想要通过主动操作来跑赢市场的概率也不大。

赌约发出后，很长时间都没有基金经理敢站出来挑战巴菲特，最后只有一位名叫泰德·西德斯的职业投资经理人站出来应战。

泰德选取了5只对冲基金的组合来挑战巴菲特挑选的标普500指数基金。而当赌约结束之后，人们发现：泰德选取的5只基金这10年里的年化收益率分别是2%，3.6%，6.5%，0.3%，2.4%，平均收益率为2.96%，远远低于标普500指数基金的8.5%。

这场赌局的结果也证明了巴菲特的观点，就是大部分人都无法跑赢市场，选择指数基金获得市场的平均收益是大部分人最好的选择。

为什么连巴菲特都如此推崇指数基金呢？这里就要提到指数基金的3个优点。

第一个优点：可以取得与指数一致的收益，不至于跑输市场。

其实每一轮的牛市或市场的暴涨，对于主动型的基金，能跑赢指数的，只有少部分。比如，2015年创业板指数上涨84%，只有7%的主动型基金能战胜创业板指数。

虽然中国牛短熊长，但总体来说，指数都是处于上涨的趋势。比如沪深300指数，从2005年发布到现在，平均年化收益率是多少呢？18.5%。这个收益，绝大多数主动型基金都无法做到。所以，先不说要跑赢市场，如果想不跑输市场，或许指数基金也是一个不错的选择。

第二个优点：人为因素干扰少，踩雷概率小。

指数基金是指跟踪某个指数，属于被动型管理。仓位上一般都较为分散，基本不会重仓某只股票。即使某只股票出现了暴雷事件，对指数来说，影响也是微乎其微的。而且当某只股票出现问题的时候，指数会将其剔除。比如乐视网，之前是创业板的龙头，但由于出现财务危机，十几个股票交易日连续跌停，创业板指数就将其剔除了。但是主动型的基金就不一样了，它的仓位完全是由基金经理自己决定，有时可能会重仓某只股票，很难分散。

第三个优点：费用较低。

大部分指数基金的管理费为0.5%，而大部分主动型基金的管理费为1.5%，可见指数基金在管理费上比主动型基金费用更低。别说1%差别不大，长期下来会多花费不少成本。这也就是为什么巴菲特表示，如果自己要立遗嘱，会要求把名下90%的现金投入到成本低廉的标普500指数基金里的直接原因。

投资哪些指数基金更容易赚钱？

虽然说投资指数基金是巴菲特都认同的投资方式，但是不同指数基金的赚钱效应是不同的。特别是在行业指数基金中，有些行业天生容易赚钱，而有些行业受经济周期影响大。

接下来先说说综合指数基金中，比较容易赚钱的指数基金。

像我们熟知的沪深300和中证500指数均是按市值大小选公司的，至于这些选中的公司的质地怎么样则一概不管，这样就会有一些经营不怎么样的大公司混进这些指数中。而策略指数就会在挑选公司的过程中加入一些策略，比如选一些分红多的公司组成红利指数（中证红利指数），选一些财务基本面状况良好的公司组成基本面指数（深证基本面60指数），这样按照一定策略选出来的公司，会使得指数的整体表现更好。

我们再来看行业指数基金中比较容易赚钱的有哪些。行业指数基金包含10

个一级行业，分别如表8-1所示：

表8-1　一级行业与细分子行业

一级行业	细分子行业	一级行业	细分子行业
主要消费	食品、烟草、家居等	金融	银行、保险、券商等
材料	金属、采矿、化学制品等	可选消费	汽车、零售、媒体、房地产等
电信	固定线路、无线通信、电信业务等	能源	能源设备与服务、石油天然气等
工业	航空航天、运输、建筑产品等	信息	硬件、软件、信息技术等
公共事业	电力、天然气、自来水等	医药	医疗保健、制药、生物科技等

除了按照10个一级行业划分以外，还有按照某个特定主题来划分行业的，比如说环保主题、军工主题等，围绕主题来找出对应行业的股票，再编制出相应的指数和指数基金。

从近5年的数据表现来看，最赚钱的是主要消费行业，最不赚钱的是能源行业。而主要消费行业的赚钱能力，基本达到能源行业的4倍左右。

因此我们以后在投资的时候，主要关注的应该是主要消费、医药、金融行业的指数基金。即使你是在市场高点的时候开始定投的这些行业的指数基金，只要保持耐心，坚定持有，就能在最短的时间内解套，然后开始赚钱。而如果你在牛市高位买入的是能源行业的指数基金，估计只能等到下一次大牛市，才能找到止损的机会了。

为什么主要消费、医药和金融行业这么赚钱呢？

因为消费行业和医药行业基本不受经济周期的影响，并且消费行业依靠品牌优势、医药行业依靠专利优势均可以保持较高的利润率，使得这两个行业赚钱能力都很强，属于经常出大牛股的两个行业。金融行业虽然会受到经济周期的影响，但由于金融行业是有着严格的牌照准入机制的，使得这个行业里面的企业的赚钱能力能超过绝大多数其他行业。

所以，要想通过投资指数基金赚到钱，以上这些诀窍，一定要记住了。

去哪儿买基金最划算、方便？

本章最后一节，我们聊聊去哪儿买基金最划算、方便。

首先，有一种方式是买基金不需要任何手续费。这种方式就是直接向基金公司买基金，相当于厂家直销，没有中间商赚差价，申购费率最低可以是0。

有些基金公司为了推广自家的货币基金，会在自己的App或公众号上面推出0申购费的活动。意思就是，在你买基金之前，先把钱从银行卡转入这家基金公司的某只货币基金，然后再用货币基金里的余额去申购其他基金，不需要任何手续费。

除了基金公司这种0费率的渠道之外，券商应该是费率最少的渠道了。但是通过证券账户买入的基金种类会受到限制，我们常买的场内基金一般是两类：ETF（交易型开放式指数基金）和LOF（上市型开放式基金）。相比蚂蚁财富等第三方渠道0.15%的申购费，通过证券账户买场内基金的费率只有0.03%，是第三方渠道的1/5。而赎回基金的费率相差更大，目前大多数股票型基金和混合型基金1年以内的赎回费率0.5%，而场内基金的卖出费率依然是0.03%。

第二种是直接去第三方基金代销平台买基金。目前比较好用的第三方基金代销平台有蚂蚁财富、天天基金、且慢等。这些第三方基金代销平台的申购费率一般打1折。这些第三方基金代销平台就相当于基金超市，总体使用体验都不错，用户上手也基本没什么难度。就看你自己在哪个超市买得更方便、费用更少、服务更好就可以了。

最后一个常见的渠道是银行。

总体来说，基金的申购费一般是1.5%左右，像其他渠道一般都是打个折，最低可以到1折。但银行就比较抠一点，基本不打折，最多打6折，也就是0.6%左右，因此银行的基金申购费率是现有几个基金购买渠道中最贵的。不过在银行买基金有个好处是可以和工作人员面对面地咨询，遇到靠谱的理财经理还能根据你的风险偏好给你推荐几款好基金。

当然，根据我的经验来看，绝大多数银行客户经理迫于业绩和指标的压力，都很难做到完全中立、客观的基金销售服务，这也是银行未来需要着力提升的地方。

说完这些主要的基金销售渠道的费率和体验上的差异，估计有读者会说：这么看来，还是开个证券账户去场内买基金最划算了。

确实，场内基金在交易时间内可以随时买进卖出，还能实时看到基金的价格变化，买卖手续费又低。但我们买基金是打算长期持有的，随时买进卖出这个功能，实际上跟你投资基金的目标没有任何实质性关系。再说了，交易手续费低真的有利于我们长期持有基金吗？

因此，场内基金虽然交易手续费低，但选择场内基金的前提是你能管住自己的手。如果管不住自己的手，喜欢频繁操作，一般都不会有好结果。而大多数场外基金1年以内卖出要收0.5%的赎回费，很多人卖出时肯定会再三思考，反而更容易做到长期持有。

　　实际上，只要自己买入时机没问题，基金本身也没问题，那就尽可能离自己买入的基金远一点，或者让卖出的成本高一点，这有助于我们长期持有基金，毕竟定投的意义就是与时间做朋友。

第九章
明天和意外哪个先来?

有了社保，为什么还要买商业保险？

很多人一听别人谈到商业保险，第一反应往往会是：跟我讲这骗人的玩意儿干吗？

当他好不容易了解了一些保险知识，纠正了对商业保险的偏见之后，马上会产生第二个疑惑：我每个月都定时交社保，里面就包含了医保，那还买商业保险干吗？

确实，医保报销比例提高至60%，高血压、糖尿病等用药纳入医保报销，长期护理保险制度加快建设……我们国家的社保体系越来越完善，福利越来越好了。很多人认为，普通小病根本花不了多少钱，还每年额外掏钱买商业保险干吗？留着自己吃喝玩乐不好吗？

但医保作为国家给我们的全民福利，为了顾全庞大的人口基数，只能做到满足最基本的医疗保障，其实还存在很大的风险缺口。

第一个缺口，是医保有"药品、诊疗、服务设施"三大目录，只有在目录范围之内的，才可以报销。很多有用的进口药、特效药、先进的医疗器械，都是不能报销的。在实际治疗过程中，根据病情需要，很多时候会需要用到医保目录之外的药品和诊疗手段，这部分就只能自己出钱了。

第二个缺口是医保有起付线和封顶线。所谓起付线，就是免赔额，低于这个数字不能报销。而封顶线，就是最高赔付，高于这个数字也不能报销。医保能报销的就是在起付线和封顶线之间的范围。

第三个缺口是报销比例的限制。在起付线和封顶线的区间之内，医保也不是全部报销的。不同地区、不同医院的报销比例不同，常见的报销比例一般在 60% ~ 80%。

第四个缺口是异地就医的限制。医保一般只能在定点医院使用，要转去其他医院，需要开转诊证明。如果需要跨省市看病，手续就更加麻烦，而且报销比例可能也会降低。

综上，医保能帮我们分担的有限，真要遇到什么重大疾病，只靠医保往往是不够的。

最关键的是，从理财规划的角度来看，你通过医保和自费花掉的医疗费用还只是显性损失，除此之外，其实还有隐性损失。

首先，在病重住院治疗的这段时间，病人是没有收入的。与此同时，该支出的生活费用还是得支出，比如说房贷、车贷、孩子的学费等，这些支出都是不能中断的。

另外，家人为了照顾病人，需要频繁请假，这就涉及多名家庭成员的长时间收入损失。如果是重大疾病，手术后不能立刻回去工作赚钱，需要长时间调养护理。在此期间造成的收入损失和调理费用，会导致整个家庭生活质量直线下降。

也就是说，医保即使能保住一个人的命，也不能保障因病返贫的风险。要想规避这个风险，就需要配置商业保险，对医保进行补充。

所以，医保好比我们小区的安保人员，只是最基础的保障，但不足以覆盖风险缺口。而商业保险就是我们自己家的防盗门，是对医保的补充，只有两者都配齐了，我们才能"住"得安全。

为什么大家都说保险是骗人的？

作为国内金融业的四大支柱之一，保险在民间的名声一直都不太好。很多人一听到"保险"二字，就立马将之与"骗人"两个字联系在一起了。

为什么大家都会有这样的印象？归根结底，得从很多客户第一次接触保险的两个渠道说起。

第一个渠道是代理人渠道。

所谓代理人，是指帮保险公司销售保险产品的代理，不属于保险公司管理，也不是保险公司的员工，而且只能销售一个公司的产品。

保险代理人分为三种，分别是：专业保险代理人、兼业代理人和个人代理人。

专业保险代理人，指的是从事保险代理业务的公司。兼业代理人，就是兼职帮保险公司卖保险，比如车商，主业是卖车，同时还代卖车险。个人代理人，则是指从事保险代理业务的个人，也就是我们平时见到的保险推销人员。而数以百万计的个人代理人，就是让保险长期以来被污名化的第一大原因。

保险不比其他产品，弄懂它需要一定的专业知识，所以也非常需要专业的人来服务。但一直以来，绝大多数的个人代理人的专业程度可以说基本为零。这使得此前数十年的保险销售过程中，充斥着误导销售、恶意竞争、返佣返利等违规情况，并由此带来大量投诉和纠纷。当越来越多的人开始发现这种零门槛的杀熟游戏背后的龌龊之后，也就难免对"保险代理人"和"保险"产生了反感。

第二个渠道是银保渠道。

所谓银保，就是指在银行销售的保险。银行通过帮保险公司代办保险业务，赚取佣金。银行代理的保险一般由银行工作人员销售，此前也有保险公司派代理人到银行驻点。问题在于，由于银行渠道的特性和相关监管制度的要求，在银行销售的保险基本上以理财型保险为主，如万能险、分红险。而在很长一段时间里面，绝大多数银行营销人员为了快速完成销售指标，往往会采取误导销售的方式，把保险介绍成"比普通存款利息更高"的理财产品。于是很多大爷大妈开开心心地拿着钱去银行，以为是存款，最后却变成了保单。类似的新闻随手一搜就是，简直层出不穷。银保销售导致的纠纷，历年来也一直居高不下。所以，保险被污名化的第二大"功臣"，就是银保渠道的急功近利。

但实际上，随着社会进步和知识的普及，很多人都知道，保险是有效规避风险的工具，并不骗人。另外，即便代理人和渠道正规不骗人，但在买保险之前不认真了解条款，买了保险之后也不仔细翻阅合同，结果发生理赔纠纷后就说保险是骗人的情况，现在也越来越多。所以，归根结底也不完全是保险自己的问题，是从业人员和客户教育还远跟不上行业发展的要求罢了。

为什么越年轻买保险就越好？

很多年轻的小伙伴都有这么一种心态：我现在年轻力壮，不容易得病，根本没有必要买保险。

虽说天有不测风云，凡事最好未雨绸缪的道理大家都懂，但在买保险这件事上很多人是比较懈怠的。

大家共同的想法是：仗着还年轻，日子还长，风险以后才会来，保险以后再买也不迟。

这种想法真的靠谱吗？显然不靠谱。实际上，年轻人不仅要买保险，而且还要趁早买。为什么这么说？

首先，趁年轻买保险，保费便宜。

我们买保险的时候，通常考虑的第一个因素，就是要花多少钱。花多了不舍得，但花少了没买到让自己满意的保额，就达不到我们买保险的目的了。而趁年轻买保险，最大的优势就是便宜。

举例来说，同样是选择30万的重疾保障保到70岁，缴费时间是30年，25岁的男性每年要交的保费是1350元，而35岁的男性每年则要交1890元，两个人年纪相差10岁，每年要交的保费却差了540元。

如果从所交的保费总额来看，25岁男性30年一共要交保费4.05万元，而35岁男性这30年一共要交5.67万元，两个年龄段所交的保费总额相差了1.62万元。

为什么会出现这样明显的保费差别呢？因为保险公司是不做亏本生意的，它会觉得随着你年龄的增加，发生重疾、身故的风险比年轻人更高，所以自然会对你收取更高的保费。如果等到年纪大了再买，那保费可能就是年轻时候的2～3倍，甚至会出现交的钱比保额还高的情况，那这个时候再买保险就没有意义了。

其次，趁年轻买保险，选择多。

像我们常见的重疾险、医疗险、寿险这些类型的保险，在投保的时候都需要填写一个健康告知，只有那些没有出现过健康告知中列出的健康隐患或是病症的人，才能正常投保这些保险。比如重疾险、医疗险通常都会拒保"三高"人群，"三高"人群如果想给自己购买健康类的保险，就只能选择对"三高"不设限的防癌险了。但防癌险跟重疾险的保障差很多，防癌险只保癌症，而重疾险保的不仅是癌症，还有其他多种重大疾病，保障范围比防癌险宽很多。

所以趁着年轻身体好的时候投保，就不用担心被保险公司设下的健康门槛拒之门外，可以选择的产品就比较多。

最后，趁年轻买保险，保障周期长。

同样是买一份保到70岁的保险，你在25岁的时候买，那这份保险保障你的时间就有45年；你要是在35岁买，这份保障就保你35年。

不难看到，越早买就能花越少的钱保越长的时间，省钱又安心。

所以，趁年轻买保险，虽然不一定很快用到，但好处还是很多的。尤其是重疾险、医疗险这类保险，能早买就尽量早买，以防日后因为健康问题而被限制投保。

怎样避开保险选购过程中的那些"坑"？

买保险的过程中，最常见的"坑"有7种。

1. 买错了人

这个误区比较容易发生在新手父母身上。毕竟为人父母者，都希望能够把最好的东西给孩子，让孩子少受点苦。许多人是有了孩子后，才有给孩子买保险的想法。

目前国内典型的家庭模式为4-2-1模式，即4个老人，中间小两口，1个孩子。一个家庭的经济支柱通常是小两口，一旦他们出现问题，对于整个家庭的打击是特别严重的。

所以，一个家庭优先给谁购买保险，应该从经济责任的角度来考虑，经济责任越重的人越应该优先被保障。

2. 太注重投资回报

大家要明确一点，保险的核心价值是保障，而不是投资。

如果把家庭理财项目比作一个足球队，那么保险担任的是守门员和后卫的角色，股票、基金等投资才是前锋，让守门员去进球是很难的一件事情。

3. 因为钱够多而暂时不买保险

当风险来临时，我们当然可以花原有的积蓄抵御风险，只是成本较高。而保险最大的作用，就是转移风险。只需投入几百元、几千元就可以买到一个高保额的保险，一旦出现风险，我们可以获得一次性的赔偿，且我们的储蓄不受影响。

4. 觉得身体够好，不需要保险

很多人对保险比较忌讳，认为购买保险是诅咒自己生病，我身体好不需要购买保险。但生老病死是自然规律，我们无法避免生病，也无法预料在哪个生命阶段会生病。而保险只有在你不用的时候才能买，要用的时候就不能买了。

如果有些人原先身体很好，但后面开始出现亚健康状态，想要投保就比较麻烦了，要么需要增加费用，要么责任除外，甚至被拒保。

5. 买了保险，觉得不出事就亏了

很多人有这样的想法，买保险要是不出事就白买了。但实际上，买保险不是为了用，而是为了防。保险是一种消费，而不是投资。

6. 哪个便宜买哪个

性价比对于保险来说当然很重要，但也绝不是全部。

保险的好坏和保险的时效、服务、保障内容、保障金额等有关。买保险需要根据保险产品、家庭情况综合考量，而不只是看价格。

7. 跟风买保险

很多年轻人看到其他人买什么保险，就跟着买。而实际上，保险是个性化的金融产品，每个人情况不一样，定制的方案就不一样，不能跟风购买。

要想避开上面这些"坑"，我们首先要有明确的风险排查意识，对个体和家庭中的风险进行一一罗列排查，并把风险按种类、大小、远近进行分类。然后研究一下应对每个风险的保险有哪些，根据家庭经济情况，做好保额规划。

如果之前已经买过保险了，可以做一个保单分析，看看还有没有缺口。如果之前没买过保险，则应该趁早规划，选择最适合自己的保险方案。

保险公司会破产吗？破产了我的保单怎么办？

一份长期保险的保障时间一般长达几十年，费用也不便宜。所以有朋友在买完保险之后就开始担心：我投保的保险公司会破产吗？如果破产了，我的保单怎么办？

首先，这种担心也并非毫无根据。毕竟从理论上来讲，包括银行、保险、券商等在内的各种商业金融机构，都是允许破产的。但从专业的角度来看，这其实不是关键，关键是保险公司从成立到破产是否有科学的监管。因为科学监管才是最大程度降低投保人风险的方式。

我们先从保险公司自身的角度出发来分析。在中国，并不是谁都可以随便成立一家保险公司的。根据《中华人民共和国保险法》第六十八条规定，设立一家保险公司，必须要求主要股东具有持续盈利能力，信誉良好，最近三年内无重大违法违规记录，净资产不低于人民币两亿元。也就是说，你得足够有钱、足够有实力、足够懂经营，才有可能在中国市场上把一家保险公司开起来。

而且，由于保险牌照的申请是非常困难的，但保险这个行业又一直是国家重点鼓励发展的，所以，即便真有保险公司经验不善被监管接管后，接管组最终都会通过股权转让的方式引进新股东，改善经营，这样就不会影响保单效力和客户权益。

退一万步来说，如果真有保险公司落得无人接盘的地步，只能依法申请破产，从法律上来看，个人持有的人寿保险保单（定期寿、终身寿、年金、两全保险）的效力和权益原则上不受影响。因为按照监管规定，人寿保险公司被撤销或者被宣告破产的，其持有的人寿保险合同，必须转让给其他人寿保险公司。不能同其他人寿保险公司达成转让协议的，由中国保监会指定人寿保险公司接收。

所以，如果保险公司真的依法申请破产，个人持有的健康险、意外险保单按照现金价值解约，对于保险公司资产无法清偿的部分，由保险保障基金提供救济，损失5万元以下的，保险保障基金全额承担；5万元以上的部分，保险保障基金承担90%。

但是，如果保险公司成功吸引新股东进场，那么健康险和意外险保单的合法权益都不会受到影响，合同继续有效。鉴于目前寿险公司或者健康险公司的大量业务都来自于长期健康险，准确说是长期重疾险，因此保险公司引进新股东后，这些业务大概率会得到保留。

当然，从现实层面来说，由于国家一直都对保险公司的资金运用和偿付能力实行非常严格的监管要求，已经从前端规避了保险公司破产的风险。

所以，在现有的监管体系下，保险公司破产的风险极小，而即便出现了保险公司破产的案例，也不用太过担心你的保障。

为什么我交了钱，保险公司却不给我理赔？

买了保险，就是指望在意外发生的时候，个人能获得对应的赔偿。

那为什么有时候买了保险，出事了去理赔，保险公司却说不给赔呢？

别慌！如果你留意过那些买了保险最后不给赔的案例，会发现保险公司之所以会拒赔，原因大部分还是出在买保险的人身上。

所以，不管你已经买了保险，还是准备要买保险，都要注意我下面将要说到的4个要点，但凡忽略了其中一个，都会在理赔的时候遇到麻烦。

1. 出险情况不在保障范围内

保险公司都是按照合同条款规定理赔的，你买的保险都不保这些，怎么可能赔钱给你呢？

想要弄明白你买的保险到底保些什么，自己去看保单合同，保险条款中的"保险责任"一栏会把这些保障内容一一列出来，并配上对应的解释，告诉你什么情况才属于该保单的保障范围。一定要看仔细了，千万不要只听销售人员的介绍。只要出险情况不在保障范围之内，保险公司都是会拒赔的。

2. 出险情况触及免责条款

除了不属于保障范围的出险情况会被拒赔，一些发生在保障范围内的出险也有可能被保险公司拒赔。这种特殊情况就要对照保险合同的免责条款了。

免责条款又叫责任免除，或者除外责任，简单来说就是保险公司不提供保障的出险情况列表。免责条款一般包含两方面的内容：一种是风险巨大的事故，比如战乱、暴乱、核爆炸等；另一种是违法犯罪事故，比如醉驾、吸毒、故意犯罪等。其他常规免责项目还包括自杀、遗传病等，不同的保险免责条款不一样，需要特别注意。

3. 投保时没有如实告知

因为投保没有如实告知保险公司自己的真实情况而被拒赔，通常发生在理赔重疾险、医疗险和意外险的时候。

在投保重疾险与医疗险时，需要填写健康告知。在这份健康告知里，保险公司会列出一些健康隐患与疾病，要求你对照这个列表如实告知自己是否有相关病史。如果没有，你就可以正常投保；如果有，就要把已有的病症告诉保险公司，由他们根据发病情况去判断要不要让你投保。要是你明明有这些病症，却没有如实告知保险公司还坚持投保，那在理赔的时候肯定会被拒赔。

至于意外险，则需要如实告知保险公司你的职业，因为职业的风险程度会直接影响到保险公司的判断结果。

通常情况下，保险公司会根据不同职业的风险程度，将所有职业编成1~6个类别。类别编号越低，职业风险程度就越低。如果你的职业属于意外险中列举出的不保的职业，却没有如实告知保险公司并坚持投保，那也是会被拒赔的。

所以最好不要抱着侥幸的心理投保，如实告知才能确保以后顺利理赔。

4. 等待期内出险

买了保险并不意味着马上就能管用，还需要度过一个等待期。在等待期内出险，保险公司也是不赔钱的，只有等待期后出险，才能拿到约定的理赔金。

总之，想要不被保险公司拒赔一点都不难，合同在手多看看，搞清楚上面说到的这4点内容，不然偷懒一时爽，被拒赔就该哭了。

如果我要退保，有哪些注意事项？

很多人在买保险的时候并没有真正想清楚，回家以后仔细一想，发现自己买得不划算，于是想退保。

退保止损，或者换成其他更好的保险产品也行，但如果退保的时候有些细节问题没注意的话，也容易引来麻烦。

首先要留意本金损失的问题。

保险未满期退保，只能退回退保当年的保单现金价值，若是分红险[①]，则在此基础上退回已经产生的分红。一般来说，保险保障期越长，前几年的现金价值就越低，越早退保，拿回的退保金额越少。像是香港的分红险，头三年的现金价值基本为0，退保的话很可能一分钱也拿不到。

第二个要注意的是重新计算等待期。

保险并不是生效后出险就能拿到约定保额的，而是要先经过一段时间的等待期。等待期内出险，保险公司不承担相应的理赔责任，或退回保费，或退回现金价值。只有在等待期后出险，才能按照约定，拿到相应的保额理赔。

退保后换投其他产品，则又要经历新产品的等待期，万一此时出险就拿不到理赔金，所以建议大家谨慎思考如果真要退保，最好先买了新产品，度过等待期后再退，避免出现保障空窗期。

第三个问题是年纪越大保费越贵。

真要退保的话，我们都希望能换到更好的产品，比如说保障内容更纯粹，

---

① 分红险是指保险公司在每个会计年度结束后，将上一会计年度该类分红保险的可分配盈余，按一定的比例以现金红利或增值红利的方式，分配给客户的一种人寿保险。

同等保额情况下保费更便宜等。可实际上呢，保费的高低除了产品本身的费率之外，还会受性别、年龄等因素的影响，年纪越大，保费越贵。如果我们更换的产品，在保障方面的条件与旧产品并无太大区别，总保费却高过旧产品的话，那退保换投的意义就不大了。

最后需要担心的是往后投保或有限制。

涉及健康类的保险，投保时需要填写健康告知。特别是重疾险、医疗险这些疾病相关的保障，保险公司的健康门槛把关就更加严格了。

换投新产品时，消费者本身的健康变化很可能会因为新产品的健康限制，而不得不以加费、除外投保等情况投保新产品，最糟的结果，还有可能会被拒保。

比如小A患甲状腺结节，如其甲状腺结节TI分级在3级以内，则投保重疾险时，会被要求除外投保，就是甲状腺相关的重疾不保，其他部位的重疾可保；如其甲状结节TI分级超过3级，则会被拒保。

被除外投保还不算糟糕，至少别的重疾有的赔，万一被拒保，那在退保了旧产品的情况下，被保人就没有任何保障了。想要避免这种情况的发生，可以在退保前先对照查看新产品的健康告知，确定自己的健康状况能够正常投保，要是有被拒保的可能，建议还是别退了。

总之，退保虽然简单，可这里面的门道还得摸清楚，否则一不小心就会得不偿失。

为什么保险也能越买越穷?

近些年，随着大家对保险关注度的提高，越来越多的人对保险的需求表现得非常迫切，生怕买晚了，万一突然遇到什么风险，就会让整个家庭陷入经济困境。

可是很多人只知道自己需要保险，却对保险的相关知识了解得不多，在买保险的时候，难免走进一些误区。经济收入越低的家庭，在买保险的时候就越容易犯下面这3类错误，结果保障没买到多少，反而越买越穷。

1. 喜欢买大而全的保险

所谓"大而全"的保险，就是那些在一份保险合同里面，就把身故、重疾、医疗、意外等常见的人身保障全都包括的保险。

对于很多人来说，保险非常复杂，一个个挑选费时费力，这种大而全的保险一份就能解决多个保障问题，简单方便，看起来确实是不错的选择。

现在市面上常见的大而全的保险，大多是以某一项保障为主险，其他保障作为附加险来进行包装的一套产品组合。对于绝大多数对保险不太了解的人来说，这种一键打包式的投保，确实比较方便。

可是，这点优势并不能掩盖大而全的保险一个最致命的弱点，就是单个保障理赔会影响其他保障。

在这种大而全的保险里，尽管寿险、重疾险、百万医疗险、意外险四大基本保障全都有，却也很容易出现一种情况：发生相应风险后，我们并不能拿到足额的理赔金。

有些大而全的保险，身故保障跟重疾保障是共用保额的，如果发生了重疾，就在寿险保额里进行扣除，剩下的保额，就是以后不幸身故时能赔的钱。还有一种情况是先赔了主险的保障，那么整个保险合同也就解除了，附加险的保障可能还没有机会理赔，这份保障就没了。

有一些产品组合，用重疾险作为主险，意外险作为附加险，那在理赔了重疾之后，这份附加的意外保障也就没有了。

所以大而全保险只是看着美好，真到要用的时候，你才会发现这里面太多限制了。

2. 喜欢买带收益的保险

我们现在接触比较多的带收益的保险，主要是分红险。

分红险说得挺好听，有分红收益，还有保障，可是你知不知道，分红险的分红其实是不确定的。

保险公司根据自己的经营状况，剥出部分盈利来给大家派发分红，盈利高的时候，分红就高；盈利低的时候，分红就低。

分红不确定，那保障总该有吧？确实有，但分红险的保障只有身故赔偿。而且分红险的保额跟重疾险、寿险不一样，重疾险、寿险这些险种是用固定的钱买固定的保额，但分红险的保额是根据你交的保费，按照一定比例来设定的，保费越高，保额越高。比如说你交了10万保费，那么分红险的保额很可能是10万，也可能是10万多一点，身故的话就按照这个保额赔。想要50万的保额？可以，准备好跟保额差不多的钱就行，但这就基本失去保险本来的意义了。

3. 喜欢买返还型保险

很多人会觉得，要是买了保险没有理赔，就要把交的保费全给保险公司，那是相当不划算的。尤其是那些本来收入就比较低的家庭，白送钱给保险公司就更不情愿了。所以那些出险赔保额、不出险退保费的返还型保险就特别受这类人群的追捧。

但实际上，返还型保险保费贵、保额低、收益情况非常不理想，并不建议大家投保。举例来说，我们常见的返还型重疾险，就是由一份两全险附加上一份重疾险构成的，所以在保费支出上会比买消费型的保险贵。因为我们买返还型保险所花的，是两份保险的钱。所以通常情况下，返还型保险的价格是消费型保险的1.5倍，甚至是3倍。而且绝大多数返还型保险最终能给到你的收益，其实都挺低的。而为了达成返还的目的，同样的保费预算下，你所能拿到的保额又会相对更低。

买保险就是为了保障，想要通过返还型保险赚取投资收益，还不如买消费型保险，再把省下的钱（假设你本来就要买返还型保险的话）拿去做理财。

总之，这三种类型的保险都有一个非常明显的共同特点，就是低保额、高保费。买了这些保险除了花更多钱，在保障方面给到的帮助是非常有限的。这些类型的保险会让自己越买越穷，还不如不买。

买保险到底是选大公司好还是小公司好？

经常听到有人说：买东西就挑大品牌，大品牌才更有保障。

小到买衣服包包，大到买车子房子，人民群众对大牌的信任度，可以说已经形成了一种约定俗成的价值偏爱。而我们在买保险的时候，往往也会听到销售员这样说："我们家的产品贵是贵点，但我们是大公司，靠得住。你去买那些小保险公司的产品，虽然便宜，但是小公司，你敢信吗？"

在我们的认知里，还是大公司靠得住。但我要说，别人口中的小保险公司，我敢信。

首先，保险公司里，还真没有什么小公司。《中华人民共和国保险法》规定，保险公司注册资本最低限额是2亿元，必须是实缴资本。大多数保险公司，注册资本都在20亿以上，而且股东都是各个行业的"大佬"。所以，"小保险公司"这个说法，就是在大高个里找矮子。

其次，保险公司哪怕破产，只要买的是以人的寿命和身体为保险标的的保险，比如重疾险、寿险、人身意外险等保险，我们的合同就会被转到其他保险公司。如果其他保险公司不愿意接这些合同，那也由不得他们，保监会将指定"接盘侠"。

最后，我们买保险时，也怕保险公司理赔不及时，服务不到位，总觉得大公司会好一点。其实也不尽然，在保监会公布的历年投诉考评情况排名里，排名倒数的通常都是一些知名的上市大险企。所以公司规模和名气，不一定和公司的服务成正比。

但凡是保险公司，理赔都有个原则，叫不惜赔、不滥赔。如果风险明确，符合理赔条款无异议，那么保险公司完全没必要为了一份保单而丢掉自己的名声，要知道，理赔才是保险公司的口碑源泉。同样，如果风险不明确，理赔条款界定不明显，这种情况就算是大保险公司，也会产生争议。从客观数据来看，全国所有保险公司的理赔率都能达到97%以上，并不存在明显的差异。

与其纠结保险公司的品牌大小，还不如通过官方渠道查询保险公司的风险综合评级（即分类监管评价）、服务评级、经营评级，这种客观公正的评价，会比所谓的规模和口碑来得更加真实。

综上，我们买保险的时候，可以自动过滤"我们是大公司"这种说法。所谓的大公司也有不太好的产品，那些你以为的小保险公司，爆款保险也不少。

所以，我们应该专注于保险产品本身，顺便参考一下保险公司的投诉率，最终选出真正划算又适合自己的保险。

线上买保险为什么比线下便宜这么多？

如果你接触或购买过互联网保险，会发现它们除了体验友好、购买方便等特点之外，还有一个最吸引人的地方：便宜。

同样的保障范围和保额，绝大多数线上的产品都能比线下的产品便宜一半以上。某些互联网保险的爆款，不仅价格便宜，分析下来甚至比线下保险的保障要好得多。这里面是不是有什么"猫腻"，为什么线上买保险能比线下便宜这么多？既然线下的保险这么贵，那背后是不是也有它的道理呢？

要想弄明白这个问题，我们就得了解每年交给保险公司的保费，里面到底包含了哪些成本费用。

一份保单的费用可以拆解为两部分：纯保费和附加保费。

纯保费包括风险保费和储蓄保费。

风险保费的计算取决于疾病的发生率和死亡率，每家保险公司定价依据的都是同一套保监会提供的重大疾病经验发生率表，并不会存在太大的差异。

储蓄保费则主要针对的是返还型保险、两全险、理财险等，保险公司将保费拿去进行投资理财，在一定年限后返还一定的保费或者保额。上述行为会造成返还型和消费型保险的价格不同，但是对于同一类保险，差异并不大。

所以，造成线上线下保险价格差异的主要原因，是由渠道费用、运营费用和预留利润组成的附加保费的不同。

首先是渠道费用，这个占了线下保险销售成本的大头。要知道，中国目前的保险代理人队伍数以百万计，要养活这么多人，靠的就是卖保险的佣金。在保险行业里，给线下代理人的首年佣金加上各种奖励的平均成本支出，基本都超过首期保费的50%。换言之，你第一年交的保费里有一半的钱都被代理人拿走了。

运营费用也很好理解了，只要是保险公司，无论是营业场所的房租、内勤人员的工资，还是广告费、推广费，这都是有成本的。在这一点上，主打线下的保险公司的运营费用占比往往都在15%左右，而线上保险公司基本都在10%以内。

至于利润就更好理解了，保险公司毕竟不是做慈善的，也是要赚钱的，只不过一般来说，线下保险公司往往可以获得更高的品牌溢价，而赚取更多的利润。

所以，为什么线上保险能比线下保险便宜这么多？最核心的原因就是线上保险可以在渠道费用和运营费用上节省出大量的空间。

随着移动互联网的快速普及和年轻一代的快速成长，价格便宜又体验友好的线上保险所占的市场份额也开始逐年上升。这对于保险行业来说，其实也是一件好事。

当然，线上买保险也不是完全没有缺点。比如投保、理赔的过程基本全靠自助，有些不太懂行的或者上了年纪的人会很不适应；另外，线上保险走的是无纸化运作，所以当你要做保单整理的时候不一定方便；还有，一些线上保险的销售区域并不能覆盖全国。

所以，如果你对保险的性价比有明确的要求，且已经习惯了在互联网上处理各种日常事务，有一定的独立分析和研究能力，在线上买保险确实会比去线下保险公司买更方便、便宜。

第十章
什么才是正确的财富管理?

为什么说记账是个人财富管理的第一步？

我们常常听到一句话：理财的第一步是学会记账。但是，不少人觉得记账根本没用，身边的一些朋友在坚持一段时间后也放弃了，觉得记账多少有点"鸡肋"，食之无味，弃之可惜。但实际上，记账最大的好处是能帮助我们建立起现金流管理的意识，而这种意识，是个人财富管理的第一步。

很多人之所以不明白记账这件事的重要性，主要是他们没有真正弄明白记账中包含的现金流管理的目的。简单来说，记账的目的有三个：一是了解自己的收支情况；二是分析自己过往支出的规律和收入的变化；三是根据前两步规划未来的收支。

之所以说记账是理财的第一步，正是因为只有清楚自己的财务状况，才能考虑如何理财投资。而大多数人记的账，甚至连第一个目的都没有达到。

很简单，坚持记账的朋友们不妨问问自己：我上个月支出多少，收入多少？估计很多人都答不上来。

即使清楚自己每个月的收支，大部分人并没有对自己的收支进行分析归类总结，以为记账就是为了遏制消费冲动，为了不花钱，其实大错特错。坚持记账，更重要的是为了从日常收支中总结出规律，比如过去一年每个月衣食住行各花了多少钱。就像大数据分析一样，我们要清楚钱到底花在哪里，哪些地方钱花得太多要缩减，哪些地方还有花钱的空间，以及自己到底存了多少钱并且是怎么存下来的。

等你做到这一步，才能真正体会到记账的作用。也只有做到这一步，才能实现记账的终极意义：规划未来。

当一个人清楚自己的收支状况，清楚每一次花销应该控制在哪个范围内、对自己的结余有多大影响，才能提前规划预算，才能明白要拿出多少钱来投资理财。

所以，记账其实是一个循序渐进的过程，要发挥记账的真正作用，不仅身体上不能偷懒，思想上也不能懒惰，更需要学会解读账目。在这里，我为大家总结了记账进阶三部曲，大家可以参照学习。

第一步，坚持记录。

坚持是记账的基础，只有足够全面的收支数据记录，你才能慢慢感受到自己花钱不合理的地方。不能坚持记账，剩下的都是空谈。

第二步，学会归类总结。

记账是一件很烦琐的事情，平时记账都是零散的，只有学会归类总结，账目才能清晰反映出各项开支占比大小，才能做到心中有数。

第三步，规划预算，合理投资。

通过记账，对日常各类开销都了然于胸之后，就可以提前规划预算，要留出多少钱作为日常消费，还可以设置预算上限，心中清楚自然就能避免冲动消费。

在此基础上，你才能了解自己每个月还有多少固定资金可以拿去投资理财，这样既能合理消费也能合理投资。

为什么要学会延迟满足？

如果你还只是一个理财菜鸟，想从现在开始理财，那么最重要的是什么？

我会告诉你，最重要的是调整预期。

这里所说的预期，首先是对风险的预期。毕竟如果现在不擦亮双眼，还想照着前人们"闭着眼睛投"的经验来理财投资的话，菜鸟们基本上熬不了几个月就会"踩坑"。

其次是对目标的预期。过去几年，我发现很多年轻人在投资上没什么经验，容易操之过急，一心只想赚快钱，结果事与愿违。事实上，在理财投资的过程中，要有放长线钓大鱼的战略耐心，不要过于在意短期获益与否，要有长远价值的判断。这种合理的目标预期，用一个专业名词来解释的话，就是延迟满足。

读到这里，估计会有读者纳闷：好好的理财书，怎么会有心灵鸡汤呢？延迟满足这种虚无缥缈的成功学概念，怎么可能在理财上实践？再说了，靠延迟满足才能理财成功的话，到底要延迟多久？

确实，在当前这个市场环境下，因为没有了刚兑，理财的学习和实践变成了一个"反人性"的过程。很多人在看了文章，围观了直播之后，恍然大悟般开始理财规划，但过不了多久，就会把之前听过的各种理财观念都抛诸脑后。毕竟你我皆凡人，三分钟热度之后，一切回归原点，各类消费一个都不会落下。

但问题的关键并不在于你信不信延迟满足真的能起作用，而在于现行的金融市场运行机制，正在强迫你接受延迟满足的事实。

别的不说，就拿目前中国个人理财行业当之无愧的中流砥柱——银行理财来举个例子吧。如果你有留意过近两年有关银行理财转型的新闻，会发现里面强调的核心关键无外乎四个字：专业能力。

为什么银行说要强化自己的专业能力建设？原因很简单，因为以前有刚兑，所以银行虽然体量大、名号响、家底殷实，但归根结底，它干的活也跟其他金融机构没有本质差异：卖货。银行以前关心的，主要是怎样依托自己的渠道优势，当好一个售货员，卖出更多的产品。

而如今，伴随着净值型理财产品逐渐成为主流，银行也开始意识到，只会短平快地怂恿客户买买买已经不行了。如何真正依靠自己的专业能力给客户提供银行一直标榜但几乎未曾真正落地的"综合财富管理服务"，成为几乎所有银行都在关注的问题。至于那些不能很好地管控风险，又无法专业地服务客户的银行，在接下来的5年内将面临极大的经营危机。被大银行兼并或者直接被市场淘汰，将成为它们不得不面临的结局。

从你看到这本书的那一刻开始，理财就再也不是投多少赚多少的"即时反馈"，而变成一个精心挑选、小心翼翼、细水长流的过程，不仅无法给人一夜暴富的刺激，反而一不小心就容易亏钱受挫折。

所以，问题从来都不是延迟满足到底有没有用，而是延迟满足已经成为未来理财投资的过程中，你必须接受的一个客观事实。

为什么到了 30 岁，全世界都在劝你买保险？

如果你留意过保险公司给出的保费测算演示表，会发现很多保险产品的测算一般都以30岁男性为例。有年届三十的人看完以后，就问我：30岁中年男人做错了什么？为什么全世界都想卖保险给我？

你也别怪保险公司老拿这个岁数当典范，因为30岁在绝大多数人的人生场景中，确实是极具分水岭意义的年纪。

为什么偏偏是30岁呢？因为对于30岁的人来说，保险已经成为一种刚需。

往早一点说，人在20多岁的时候，很少会主动考虑买保险。一方面，年轻身体好，以为自己压根不需要保险；另一方面，收入不稳定，每天看着银行卡余额过日子，说不定还欠着信用卡、蚂蚁花呗、借呗一屁股债，没有多少积蓄可以拿来买保险。

而往后一点说，四五十岁买保险相对来说没那么容易。一是很多保险是有投保年龄限制的；二是到了这个年龄段多多少少会有一些人到中年多发的疾病，例如高血压、高血脂什么的，在投保时可能不符合健康告知而被拒保；三是很多保险的保费都是与被保者的年龄相挂钩的，年龄越大，保费也就越贵。

还是那句话：保险规划要趁早。年轻的时候，是人在挑保险；年老的时候，就是保险在挑人。

30岁这个年龄段，工作和收入相对20多岁时已经比较稳定了，买车供房，也小有积蓄，看似有了不错的基础，实际上却未必比20多岁的时候要潇洒。绝大多数人的30岁，已经积累了不少苦楚：很多人的房子和车子都是掏空全家钱包外加贷款买的，每月雷打不动的还各种贷，还有一家老小的生活支出。所以，到了30岁以后，很多人最不敢想象的事情是：万一自己倒下了，漫漫几十年的房贷车贷和依靠自己的家人，该怎么办？

而通过合理的保险配置，可以极大程度地转移这些风险。

因此，人到30，保险必备，绝不是危言耸听。

不同年龄段，搭配的理财产品为什么会不一样？

如果你去银行咨询自己的理财方案，会发现银行客户经理会依据你的年龄来搭配不同的产品。

为什么会有这种情况发生？因为我们的一生要经历多个阶段，每个阶段的任务和目标也各不相同，对于财富的把握能力，眼光也有所差异。所以，通过不同的产品搭配帮你早做规划，才能更好地掌控人生。

一般来说，第一个年龄段是初入职场的阶段。

对于初入职场的年轻人来说，控制好收支不做月光族是非常重要的。在这个年龄，存量资产并不多，所以在资产积累的初期，通过努力工作赚钱才是王道。但工作赚钱的同时，也不要忘记理财，可以利用各种现金管理产品和定投等方式，每个月存下一笔钱。

第二个年龄段是职场进阶阶段。

这个年龄段是我们职业发展的蓬勃期。跨越25岁，很多人的月薪开始破万了，卡里的金额会一直涨。工作多年，或多或少会攒下一些积蓄，如果你到了25岁，还没积蓄，你就要好好反思一下了。如果到了30岁，存款还没10万，更要反思了。

到了这个阶段，我们的需求也越来越多，要为下一个人生阶段做准备。要清楚这个阶段的理财目标是什么，买车，还是买房，还是攒奶粉钱？最重要的一点是对目标进行量化，需要花多少钱，需要多久来实现。

所以，你需要设立明确的理财目标。然后，依据自己设定的目标，理清自己的收支情况，设置好自己的三个账户：零钱账户储备3个月的生活费，剩余资金的50%投资基金定投、银行理财等中长期产品，50%的资金可以投资股票、黄金等风险较高的理财产品。

第三个年龄段是成家立业阶段。

在这个阶段，合理规划家庭财富的重要性要远超对收益的追求，只设定目标还不行，还需要清楚自己家庭的财务状况，了解日常生活中资金的流入与流出。

家庭一旦建立，就要考虑车、房、保险、子女教育金、养老金、双方父母赡养费等一系列长期的目标。

这个阶段需要考虑如何合理安排家庭资产，分为几个重要账户，各自配比多少，又该选用哪些合适的理财工具。这时候，求稳才是上策，所以首先要做好分散投资的工作，将每个月的收入按照自身情况分为三部分。在条件允许的情况下，建议30%用于还贷款、30%用于理财投资、40%可以作为日常支出。在理财投资部分可以将总收入的10%投资于高收益高风险的品种，比如股票，其余的20%投资稳健的品种，并设定一个相对稳健的综合年化收益目标。最重要的是，需要从家庭长远发展和个人身体健康等角度出发，配置对应的保险，以实现抵御风险、养老规划、子女教育等长期财务目标。

最后一个年龄段是退休阶段。

退休后，收入将大部分来源于退休工资和财务性收入。从支出上看，除了必要的生活娱乐支出，花钱的地方也没以往多了。此时，投资在兼顾高收益的同时，应避免高风险的投资，除了日常开支、养老费用之外，还可能会面临疾病等方面的大额支出。这时候要配的产品，就全部要突出稳健两个字了。

普通人怎样才能拥有"睡后"收入？

你有没有想过，怎样才能拥有"睡后"收入？

是的，你没看错，这里说的是睡后收入，不是税后收入。

先不要想歪，睡后收入是一个很正能量的词，是指不用花费多少时间和精力，也不需要刻意打理照看，就能获得的收入。

一般来说，我们的收入来源类型，可以分为主动收入和被动收入。

主动收入，最大的特点就在于用时间换钱，有做就有钱，没做就没钱，财务自由和时间自由都在别人手上。上班族、打工者、小生意个体户都是主动收入者。

被动收入，最大的特点就在于躺着就能赚钱，不工作也会有收入，拥有财务自由和时间自由，既有自由，也有经济保障。事业拥有者、投资者都是被动收入者。

那么，什么是睡后收入呢？在这里先举两个典型的例子。

朋友圈曾经流传这么一个故事，说上海张江科技园区的一家创业公司资金链断裂了，眼看就要倒闭的时候，公司里一个清洁工阿姨拿出600万融资救了公司。后来清洁阿姨的身份被曝光，她是上海浦东本地人，世博拆迁户，手里有8套房子，1700万现金。其实这位阿姨光靠房产的收益和手里现金的投资就能生活得很滋润，每年基本可以拿到200多万，但她就是闲不住要来工作，或许这就是传说中的热爱工作吧。

另一件事，是范冰冰的弟弟范丞丞，他在微博晒了一张自拍，需要付费

68元才能看，一觉醒来，竟然有8万人付费了，也就是睡觉的时候就收入了544万元。

这两个睡后收入故事，让无数人羡慕妒忌恨，同时感慨，这都是万里挑一的幸运儿的故事，普通人哪有这样的运气呢？其实，睡后收入不只是幸运儿的专利，通过下面这几种方式，普通人也可以做到。

1. 房产出租收入

在一线大城市，有一套房子比什么都强，成为每天躺赚收钱的包租婆包租公是多少人的梦想，但很显然，在这个解决住房刚需都是奢侈的年代，这个方式需要天时地利，只有很小一部分人才能享有。

2. 作品版税、专利费等收入

这一类作品主要指的是写作、摄影、音乐、绘画等。

比如，在公众号发展的初始阶段，行业竞争还不激烈的时候，不少擅长写作的人都在这一波浪潮中捞到了甜头。还有很多人通过摄影作品、音乐作品、绘画作品，也实现了多次睡后收入。现在，小视频很火，也有不少比较有创作才能的人通过做小视频实现了睡后收入。

这个方式虽然需要一定的天赋和运气，但尝试门槛比较低，想做不妨尝试一下。

3. 投资理财

常见的投资理财，有定期存款、国债、基金和股票等。

定期存款就不说了，那点利息连跑赢通货膨胀都是问题。国债安全而且收益也相对高一些，但不一定能抢到。基金和股票，都是可以尝试的，虽然这往往需要有一定的专业知识储备，但专业的事情是完全可以通过一定时间的学习和训练来达成的。只要你愿意，光靠基金定投，就完全能够跑赢CPI（居民消费价格指数），获得稳稳的幸福。

而如果你迟迟找不到实现睡后收入的方法，那么最后可能就会像股神巴菲特曾经说过的那样：如果你无法找到一种收入，能让你在梦中赚钱，那么，你只有持续工作，直至死亡。

那么，你想要从哪个方面入手，找到自己的睡后收入呢？

由富返贫的最快方式，居然是到处投资？

中国的有钱人，到底有多少？

如果按高净值人群600万可投资资产的门槛来算，根据《2018胡润财富报告》的数据，2018年中国已经有超过100万人具备了这样的财富实力。这也使中国的富人数量在全球范围内仅次于美国。并且据第三方机构估算，未来5年内，中国有钱人的数量还将再增加50%，10年后直接翻倍。如果把通胀因素都考虑进去的话，这意味着，到2028年，中国将有至少410万可投资资产在千万级的有钱人。

网友段子说得好：你以为有钱人就一定快乐吗？有钱人的快乐你根本想象不到。

那么这些数以百万计的有钱人，真的就那么快乐吗？答案是否定的。

第三方数据表明，2018年，全球范围内"消灭"亿万富翁最成功的地区，就是亚太区域。在这短短的一年内，亚太地区的亿万富豪数量减少了109位，降幅达13%，总财富缩水了8%。而且，越来越多的人发现，有钱人在投资理财上面临的难题其实也和普通人没有区别：担心自己的资产跑不赢大势，担心自己打理资产的渠道和产品越来越少，担心自己一不小心就亏到一无所有。

为什么有钱人也担心自己"一夜返贫"？因为在最近几年的金融市场上，

如果没有专业知识的辅助，只会到处乱投的话，不管你有多少钱，大多都是惨淡收场。

过往十余年间，财富的增长和全球性通货膨胀相伴而生。在资产泡沫和财富缩水的当下，寻求优质资产、获得稳定收益，成了人们缓解财富焦虑的迫切诉求。而新常态下要实现财富的保值增值，对于专业投资能力的要求越来越高，在这一点上，有钱人和普通人面临的烦恼其实都是一样的。

对于很多习惯了追逐高风险高收益的有钱人来说，要改变自己的投资习惯、修正自己的投资理念，或许还需要一定的时间，甚至需要依靠惨痛的教训。

建议大家以后在做投资的时候，都应该按照图10-1的思路，根据收益和风险两条轴来做对应的划分。

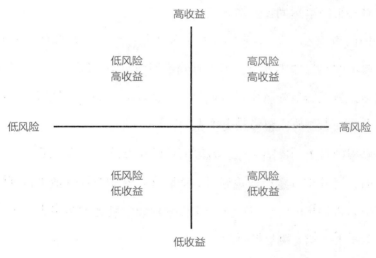

图 10-1 投资理财四象限

按照图10-1，所有投资理财的行为都可以划分为4个象限：高风险高收益、低风险高收益、低风险低收益、高风险低收益。

高风险低收益的事，不会有人愿意尝试，所以第四象限（高风险低收益）可以忽略不计。

因为所有人都会抢着做低风险高收益的事情，所以这类事情会伴随着大量涌入者而导致收益被均摊，会变成低风险低收益的事情，所以第二象限（低风险高收益）也会消失。

因此，大家都在从事第一和第三象限的事："高风险高收益"和"低风险低收益"的事。如果你没有承受高风险的能力，那么在未来，或许就只能老老实实地接受低风险低收益的投资理财产品了。

为什么我们需要给自己在财务上"留后路"？

近年有一个网络热词：隐形贫困人口。

这个词的意思是，别看现在的年轻人每天有吃有喝有得玩，但实际上都非常穷。典型的隐形贫困人口，每个月到手的为数不多的工资，不是用来还信用卡和花呗，就是为最新款手机分期付款。这样的人群，虽然看上去活得很潇洒，但如果遇到点变故，很容易束手无策。

如果不想因贫困而深陷焦虑，就要为自己在财务上"留后路"。

一方面，要开始有意识地规划自己的收支，开始有计划地进行理财。另一方面，要强制将每年的一部分收入用于保险保障，即便未来出现不可控的意外事件，也不至于一朝变成显性贫困人口。

尤其当你开始肩负家庭的压力以后，会发现隐形贫困人口的风险对于任何家庭来说，都是无法承受的。哪怕你成功熬过了刚工作的月光阶段，生活初步稳定下来，手头上也攒了点闲钱。但逐渐老去的父母，嗷嗷待哺的儿女和瓶颈初现的职场，都开始全方位地给你施加压力。这时候，需要考虑的，是如何建立自己在财务上的安全感。

要想衡量自己的财务状况，可以从以下6个维度来审视：偿债能力、储蓄能力、应急能力、财富增值能力、保障能力和财务自由度。

表10-1　家庭财务健康诊断表

维度	指标	计算方法	合理范围
偿债能力	资产负债率	总负债／总资产	≤60%
	融资比率	投资性负债／投资性资产	≤50%
	财务负担率	年本息支出／年税后当期收入	≤40%
	流动比率	流动性资产／流动负债	>2
储蓄能力	储蓄率	（税后总收入－总支出）／税后总收入	>25%
	工作储蓄率	（税后工作收入－消费支出）／税后工作收入	>20%
	自由储蓄率	（储蓄－固定用途储蓄）／税后总收入	>10%
应急能力	紧急预备金倍数	流动性资产／月总支出	3～6
财富增值能力	生息资产比率	生息资产／总资产	>50%
	平均投资回报率	理财收入／生息资产	比通货膨胀率高2%以上
保障能力	保险覆盖率	已有保额／税后当期工作收入	>10
	保费负担率	保障型保费／税后当期工作收入	5%～15%
财务自由度	财务自由度	年理财收入／年总支出	达到100%才能退休，合理的比率与年龄有关

此外，还有一个很重要的认知：对于99%的普通人来说，如果你的资产能够跑赢通胀，本身就是一种成功。至于发家致富的想法，很难通过投资理财来

实现，或者说很难通过常规的投资来实现。

对于多数人来说，能踏踏实实做好自己的本职工作，不断突破自己的职场壁垒和能力瓶颈，才是赚钱的关键。

所以，要想在财务上给自己留后路，除了要有明确的规划、目标和执行，还应建立起这样的一种心态：我没本事去战胜市场，我也没有可能获得让投资稳赢的确凿消息；在投资理财上，我不可能比专家更有优势，综合来看，我自己的能力，和其他人并没有什么两样。

只有抱着这样的心态，才能在投资中克服贪婪和恐惧，最终赢得这场考验定力的人生长跑。

30 年以后，"80 后"能靠房子养老吗？

越来越多的人开始关注"80后"未来该如何养老的话题。

时间真是过得太快了，前几年社会大众还在操心"80后"到底是不是垮掉的一代，如今一晃这些"80后"就变成中年人，开始头疼孩子、房子、车子、票子，以及看似难堪但总要面对的身体健康和养老保健的问题了。

确实，最早的"80后"已满40岁了，最年轻的"80后"也已经满30岁了，而到2040年，第一批退休的"80后"就会出现了。

而从现在的情况来看，"80后"只依靠社保就想获得自己期望的晚年体面生活是不太可能的。如果你懂点投资，或许已经从保险、基金等角度切入，开始给自己多准备一份保障了。

但我问了一下身边的"80后"，发现很多人对自己以后的养老安排都想得非常简单：靠房子啊。

听起来似乎挺有道理。"80后""90后"和"00后"不一样，只要上班了以后能踩对时间点，基本都手持2套以上的房产了，再算上独生子女未来将从父母那继承所得的房产，这个数字还会更多。

有房子就有底气，要么放租，要么卖掉，还怕没钱养老？但我要给这样的想法泼泼冷水了。

首先，房子会折旧，房子的房龄不断增长，等到自己以后养老要用的时候，能不能转售还真是个问题。

你可能会说：房子老了不好卖，那就放租呗！但从实际经验来看，当楼龄老到一定的程度，房产的破败几乎是不可逆转的过程，除非地段实在优秀，否则即便是拿出去放租，也不一定能租出个好价钱。

说到这里，你肯定要说，那我就等拆迁，一拆解千愁。但实际上，由于"80后"买的房子多数都是高层甚至是超高层，这种房子想动拆，几乎不可能。动辄30层几百户的住宅楼，真要拆了，开发商得建多高的楼才能回本？有这心思，为什么不直接去郊区建新盘？

发达国家中低收入人群挤在市中心的盒子房里，富人却每天开个把小时车从郊区豪宅进城的场景，或许也将成为很多中国城市的未来。

其实很多"80后"都已经有这样的预感了：自己老了以后手上差不多有3~4套房子，但自己最多生2个孩子，多出来的房子给谁？

所以说，最根本的忧虑还在于人口老龄化和人口总量的减少。

如果你的房子都在一二线城市的核心地段，那你确实可以高枕无忧，但如果你的房子都扎堆在三四五线城市，无论地段多优、品质多好、现在价格有多贵，从养老的角度来看，都很难为你带来什么保障。

也正是因为房屋折旧、拆迁困难和人口结构不可逆这三大原因，哪怕是国家已经在部分金融机构推行的以房养老产品，未来也很难造福"80后"。

金融机构不是慈善机构，以房养老的本质其实就是把房子作为抵押，把房子的剩余价值提前套现，然后按月发放给你。

如果你的房子本身已经旧到一定程度、市值跌到了一定的程度，而且由于老年人已占社会人口的绝大多数，连"接盘"的年轻人都找不到，试问，哪个正规金融机构还敢随便要你的房子来给你发钱呢？

所以，"80后"的养老最终还得靠自己。现在不提前做好理财规划的话，就真的得像新闻里说的现代日本人那样，工作到80岁了。

财务自由到底是不是个遥不可及的梦想？

理财就是理人生。对很多初涉理财领域的人来说，自己的人生梦想就是实现财务自由。

那么，仅仅依靠工作和理财，能实现财务自由吗？

在这里，先和大家分享一个朋友的案例。

这位朋友快30岁了，手头只有10万元存款，想留在广州，但看中的房子首付加各种费用大概就得100万元，一方面感觉这是个遥不可及的目标，另一方面又不想轻易放弃。这位朋友的烦恼并不是财务自由这么虚无缥缈的目标，而是：5年时间，如何攒到人生的第一个100万元？

他的目标能否实现，首先取决于他每年能攒下来多少钱。

目前，这位朋友每年工资能结余6万元左右，加上年终奖和日常兼职的外快，一年大概结余8.5万元。也就是说，如果收入不增加，5年能攒到42.5万元，离100万元目标还有不小的距离。

假设拿现有的10万元进行一些风险较高但收益也较高的投资，比如混合型基金或股票型基金，即便是按15%的年化收益率算，5年后也就能赚10万元，更何况比较合理的收益率通常在10%左右，这意味着缺口更大。

所以，理想状态下，先假设这位朋友每年的收入都能维持10%左右的增幅（当然支出也会随着通胀同步增加），5年可以累积到约52万元，然后因为现金会放在货币基金这样的理财工具中滚动，按非常理想的3.5%收益率算，最终到手可以达到55万元。而如果把每年结余的资金和一开始的10万元都拿去投资前面所提到的混合型或股票型基金，运气好地获得15%的年化收益率，5年后最终手上大概能拿到88万元。虽然看着离100万元还有点距离，但已经是非常不错的成果了。

那怎样才能确保一定能存到100万元呢？答案非常简单：年结余增长不低于20%，且年化投资收益率不低于15%。

所以，多赚钱、少开销是第一步，找到合适的投资方式是第二步。这不仅要靠个人的奋斗，也要考虑到时代的进程，以及不可或缺的运气。

你看，攒100万元都已经是比较难实现的目标了，而在部分城市，100万元对于财务自由这个目标来说还远远不够。

所以，如果觉得自己没有这么大的能耐或者总是缺点运气，不妨调低自己的理财目标，或者拉长自己的理财周期，以更低的难度来换取更稳妥的收益。不要时刻都把财务自由这种梦想挂在嘴边，或许才是你开始踏实的人生经营之路的第一步。

对于绝大多数初涉社会的年轻人来说，与其追求财务自由，不如去追求属于自己的事业，事业才是通往自由的正确道路。

你的金钱和时间流向哪儿，你的人生就走向哪儿

记得木心先生有一首诗叫《从前慢》，诗中有一段话：

从前的日色变得慢

车，马，邮件都慢

一生只够爱一个人

......

就像我们父辈年轻的时候，工作、结婚、生孩子，一切按部就班，吃着大锅饭住着单位房，这样的日子虽然有些无聊，但也让人安心。现在很多年轻人都向往这种从前慢的生活，其实是希望生活能有确定的规则和预期，自己缓慢前进就能抵达梦想。

很可惜，时代变了，不确定才是眼下这个时代最大的基本面。

上至国家博弈，中至行业变化，下至个人生活，从宏观到微观，处处都充满着不确定。整个世界都按下了快进键，过去10年才轮回的周期，现在恨不得一年就走个遍。每个人都被裹挟其中，随着急流高速冲向不确定的未来，也许下一个转弯就豁然开朗，也许下一个转弯迎面撞上一头灰犀牛。

在不确定的时代，受到最大冲击的是普通人的生计，过去几十年成功的经验和逻辑，仿佛一夜之间就土崩瓦解。旧时代的规则已被打破，而新时代的规则还没建立，如何应对世界的不确定，尤其是在不确定的时代如何找到生存之道，已经成为每个人一生都需要思考的问题。

想要在不确定的时代赚到确定的钱，其实有3点是永远确定的。

1. 投资自己永远值得

无论世界怎样变化，让自己变得更加强大，永远都不会错。

股神巴菲特曾经说过：有一种投资好过其他所有的投资，那就是投资自己。没有人能夺走你学到的东西，每个人都有这样的投资潜力。

我观察过身边很多人，最后发现：能够快速适应变化并脱颖而出的人，都擅长投资自己，把时间和精力投入到使自己快速进步的事情上。

当你有钱有闲的时候，应该投资自己，巩固自己的财富和社会地位；当你没钱的时候，更应该投资自己，否则你怎么在残酷的竞争中活下来并胜出？

特别是如果你正处于20～40岁之间，一定要把握好人生中大脑最活跃、学习力最旺盛，也最有拼劲和冒险精神的这些年，学习更多的知识、掌握更多的技能、建立更开阔的视野。

都说人生中的机会屈指可数，而机会从来都是留给准备好的人，你人生中唯一的机遇很有可能就隐藏在投资自己的路上。

投资自己最好的方法之一是从经济学的角度规划自己的人生，要像经营企业一样经营自己的人生，当你明白什么时候该投资、什么时候要转向、什么时候该储备、什么时候该放手一搏，你的人生想不成功都难。

有远见的人，都懂得投资自己，越早投资自己，提升自己的思维和能力，就能够越早获益。无论你现在处在人生当中的哪个阶段，此刻就是你投资自己的最佳时机。

2. 追求大概率的小成功

很多人觉得人生成功靠奇迹，用赌博的思维去赌自己的人生。且不说这种想法非常危险，也不说奇迹是否存在，单单就说奇迹其实并不足以支撑持续的成功。

有句话叫：善战者无赫赫之功，善医者无煌煌之名，善弈者通盘无妙手。

什么意思呢？就是说善于打仗的人往往没有什么显赫的功绩，而好的医生没有很大的名气，下棋高手往往并没有力挽狂澜的妙手。因为常胜将军往往在打大仗之前就已击败对手，名医往往在大病患发生之前就切除病根，下棋高手往往在每一步中都定下了胜局。

韩国曾经有一位围棋顶尖高手叫李昌镐，他16岁时就夺得了世界冠军。李昌镐下棋最大的特点就是从不追求一招制胜的妙手，而只追求每手棋51%的胜率，俗称"半目胜"。也就是说，只要每一步比对手好一点点，就足以最终获胜了。

所以说，真正的高手都是积胜势于点滴、化危机于无形，最终取得胜利是稳稳当当的。

更重要的是，这种成功是能够积少成多，不断积累并扩大优势，这种可持续地追求大概率的小成功才是人生中值得采用的高明战法。赚钱也是一样，不要全部压在毕其功于一役的"妙手"上，首要目标应该是保住本金，重点去追求大概率的小成功，不断积攒优势才能实现财富的可持续稳健增长。

3. 建立系统化思维

你每天的闲余时间都在干什么？聊微信、刷微博、逛淘宝、看短视频、玩游戏，应该是绝大多数人的状态吧。

在如今这个时代，获取信息确实非常容易，问题是这些信息都是碎片化的。碎片化的信息也不是不好，至少可以快速获取信息、记忆信息，能让自己轻而易举就似乎掌握了很多行业的知识。

然而，这个"似乎"也只能是似乎。碎片化信息最大的问题是，信息越来越短小，观点越来越粗暴，为了浅显易懂，为了博人眼球，只传递片面的事实和观点，而且希望你被动接受就好。

当你习惯被动接受这种碎片化信息后，会习惯用孤立的信息去看待问题，习惯简单的因果逻辑的思考方式，而失去了对复杂事物的思考能力，或者说系统化思维的能力。

然而在不确定的时代，系统化思维非常重要，在新的逻辑和规则建立起来之前，需要善于发现并思考事物之间的联系，谁能更快地抓住事情的本质，谁就可以快人一步从纷繁复杂的事态之中厘清机遇、抓住大势。

退一步来说，缺乏系统性思维，你就很难分辨什么是表面功夫，什么是核心本质，只有建立起基础的系统性思维，才不会轻易被片面的信息带到沟里去。

大家形成系统化思考的习惯后，慢慢就会发现，认知会不断超越身边的人，别人看到的是表象，而你看到的是背后的经济逻辑，你能提前预防的事情会越来越多，而你的人生也会因此从容许多。

请记住，你的金钱和时间流向哪儿，你的人生就走向哪儿。

图书在版编目（ＣＩＰ）数据

菜鸟理财100问 / 洪佳彪著. -- 成都：四川人民出
版社, 2021.1
　ISBN 978-7-220-11948-4

　Ⅰ. ①菜… Ⅱ. ①洪… Ⅲ. ①私人投资—问题解答
Ⅳ. ①F830.59-44

中国版本图书馆CIP数据核字(2020)第144303号

CAINIAO LICAI 100 WEN

菜鸟理财 100 问

洪佳彪　著

责任编辑	邵显瞳
责任印制	周　奇
封面设计	张　科
版式设计	张志凯
责任校对	申婷婷
出　　版	四川人民出版社
策　　划	杭州蓝狮子文化创意股份有限公司
出版发行	四川人民出版社(成都槐树街2号)
网　　址	http://www.scpph.com
E-mail	scrmcbs@sina.com
新浪微博	@四川人民出版社
微信公众号	四川人民出版社
发行部业务电话	（028）86259624　86259453
防盗版举报电话	（028）86259624
制　　版	杭州真凯文化艺术有限公司
印　　刷	四川五洲彩印有限责任公司
规　　格	710×1000毫米　16开
印　　张	14.25
字　　数	168千
版　　次	2021年1月第1版
印　　次	2021年1月第1次印刷
书　　号	ISBN 978-7-220-11948-4
定　　价	59.80元